CORBEIL. — IMPRIMERIE DE CRÉTÉ.

LES
TEMPLIERS

— 1313 —

Par M. J. Brisset,

AUTEUR DES CONCINI.

PARIS,

AMBROISE DUPONT, ÉDITEUR,

7, RUE VIVIENNE.

—

1837

LIVRE PREMIER.

LE

RETOUR AU MANOIR.

CHAPITRE I.

L'ON touchait à la fin d'une belle journée d'automne. Du côté du couchant, les arbres se dessinaient en silhouette sur un ciel encore rougi par un large reflet du soleil disparu.

Au milieu des inégalités de l'horizon, s'élargissait plus sombre la masse féodale de quelques bâtimens inégaux, unis entr'eux par des murs hauts et crénelés.

Était-ce la tranquille demeure de nonnes ou de moines? L'aspect guerrier des défenses dont s'entourait, à cette époque, tout manoir seigneu-

rial éloignait d'abord cette idée, et pourtant
l'ensemble de ces constructions avait un caractère trop claustralement austère pour laisser sup-
poser que cette habitation fût celle de quelque
suzerain laïque.

Cette réunion de remparts et de cloîtres, la
forme élancée et bizarre des dômes et des cloche-
tons qui couronnaient leurs tourelles, comme les
minarets d'une ville d'Asie, annonçaient le séjour de la guerre et de la méditation, et la présence d'hommes dont les souvenirs se reportaient
sans cesse vers l'Orient : fils de l'Orient, soldats
et moines, les Templiers étaient les maîtres de
cette demeure.

La commanderie de Templeville était la plus
riche des préceptoreries de la province de Normandie, et c'était elle dont les pointes, les
dômes et les dentelures apparaissaient, sur ce
fond de ciel éclairé, comme la découpure d'un
château fantastique sur la toile transparente d'un
théâtre d'ombres chinoises.

Celles des fenêtres en ogive qui se trouvaient vis-à-vis des ouvertures de l'autre façade
étaient vivement éclairées par le jet de lumière qui
restait encore au ciel, de façon qu'on aurait pu

croire que dans le vaste château il y avait çà et là
des illuminations de fête ou des lueurs d'incendie.

Ces clartés paraissaient d'autant plus vives,
qu'au dessous tout le paysage était déjà sombre.
Seulement les flots de la Seine dessinaient dans
la plaine leurs détours, comme une route bien
sablée au milieu des pelouses d'un jardin anglais.

Un voyageur, en ce moment, hâtait les pas de
son cheval : il voulait arriver au bac qui devait
le passer sur l'autre rive du fleuve, avant que le
beffroi de la commanderie eût sonné le couvre-
feu ; car il craignait que, la paresse ou le mauvais
vouloir des bateliers se mettant à couvert sous
cette injonction de cesser tout travail, il ne fût
forcé de revenir sur ses pas, ou de passer la nuit,
à la belle étoile, sous les saules du bord de l'eau.

Au reste, les coups d'éperon dont il pressait
en ce moment l'allure de son cheval étaient
moins l'expression de la crainte que le résultat
des derniers mouvemens de cette colère qui a
fouetté son sang dans ses veines, à l'aspect de la
puissante forteresse du Temple, colère qui se rallume encore, quand les circuits du sentier qu'il
suit le ramènent en face de ces bâtimens.

Il faut que l'aspect de ces murs réveille un ressentiment bien profond; il faut qu'un souvenir d'offenses bien cruelles, d'injustices bien criantes, soit attaché à ces remparts, pour qu'il les ait salués, comme il l'a fait, d'un cri de malédiction, de haine et de défi, aussi terriblement accentué!

Si l'énergie de cette ame qui vient de se trahir par ce cri redoutable est servie par un corps vigoureux, par un bras puissant, ce doit être un ennemi terrible du Temple.

Ennemi du Temple! Quel est celui qui ose porter le défi et la menace au pied de ces remparts redoutés? Quel est celui qui oublie que là est la résidence des hommes que leur nombre, leurs richesses, leurs brigues et leur valeur, rendent les plus puissans seigneurs de l'époque?

C'est un homme jeune encore; sa taille, un peu au dessus de la moyenne, est souple et élancée; mais une légère inclinaison du corps vers le côté gauche semble annoncer que le développement de cette taille a été trop précoce, ou qu'il a eu lieu en l'absence de la force et de la santé. Ses cheveux blonds, rares et fins, ses traits alongés

et amaigris, ses grands yeux bleus et tout l'ensemble de sa personne, indiquent d'abord une nature
faible; mais une étincelé d'énergie qui, de temps
en temps, perce à travers la mélancolie habituelle
de son regard, le froncement de son sourcil, décè-
lent une volonté forte réveillant toutes les puissances intellectuelles pour les concentrer sur une
idée, et annoncent que cette faiblesse est sans cesse
combattue par un courage mâle, et vaincue par
une ame forte. A la couleur brune de son visage,
à la croix de laine cousue sur sa poitrine, on voit
que le débile enfant du Nord a été, pour acti-
ver son sang, demander de la chaleur au soleil du
Midi et de l'enthousiasme aux gloires de la Croisade.

Son costume annonçait aussi ce mélange de
faiblesse et de force. Il n'avait adopté des armes
défensives du temps que celles dont le poids con-
venait à sa débile complexion : le tissu de fer
dont les chevaliers du XIVe siècle recouvraient
leur cuirasse ne cachait chez lui qu'un pour-
point en peau de buffle. Cette espèce de cotte,
formée de mailles plus serrées que ce n'était
alors l'usage, descendait plus bas que les genoux et lui épargnait le poids des cuissards ;

ses jambes n'avaient d'autre défense que de légères bottines avec des éperons moins lourds que ceux du temps. Quant à sa tête, elle était protégée par un armet rond et sans visière; seulement, ainsi qu'on le voit dans quelques costumes guerriers des Sarrasins, un autre tissu de fer adapté aux bords inférieurs et postérieurs du casque, tombait, couvrant le col et les épaules, comme un collet de pélerin; l'étoffe de fer s'avançait même au delà des oreilles et pouvait, ainsi que le capuce d'un froc, se rapprocher et s'attacher sous le menton. Une épée courte pendait à son côté, et le bouclier terminé en pointe qui d'ordinaire l'accompagnait et tombait le long de cette épée, était remplacé par une petite harpe en assez bon état. Un long bâton garni de fer par en bas, et orné par en haut, d'une palme cueillie sur les bords du Jourdain, complétait son attirail de guerre. En voyant l'étranger, on aurait pu deviner que le motif qui lui avait fait entreprendre le voyage d'outre-mer tenait à la fois du courage du soldat, de l'enthousiasme du poète et de la foi du pélerin.

Son cheval blanc semblait avoir partagé les fatigues et les périls de son maître, et ne les

avoir surmontés qu'aux dépens de ses forces.
Son cou était alongé, ses flancs, aigus, ses crins,
longs et flottans.

La cloche n'avait pas encore sonné, quand le
soldat arriva au point où il savait qu'abordait le
bac ; il aperçut, de l'autre côté de l'eau, la lumière qui brillait à la fenêtre de la maison du
péage, et, réunissant ses deux mains en porte-
voix, il cria de toutes ses forces :

— Oh hé ! oh hé ! l'homme du bac, dépêchez !
il y a quelqu'un ici qui demande passage... dépêchez !

Il répéta son cri plusieurs fois, sans recevoir
d'autre réponse que celle de l'écho. Las d'attendre, il mit pied à terre et laissa son bon cheval paître en liberté l'herbe rare et espacée qui
pousse, malgré le frottement de la corde des bateaux, sur une route de hallage ; il s'étendit sur
la rive, et, de temps en temps, il répéta son cri
d'attente.

Cette attente n'était point troublée par l'impatience. La colère du voyageur, ou plutôt son mouvement de chaleureuse indignation, avait fait place
à cette habitude de rêverie triste et douce qui était
plus en harmonie avec sa complexion délicate ;

et maintenant, couché sur l'herbe, il regardait au ciel les étoiles qu'il avait déjà souvent observées de cette place même. Au milieu des agitations d'une vie tourmentée par la fortune ou par les passions, il y a des momens de halte pleins d'une grande mélancolie : ce sont ceux que l'on passe en rappelant dans son souvenir tous les changemens dans lesquels on a été acteur ou spectateur. Dans ces récapitulations d'illusions si vite évanouies, d'événemens et d'hommes si tôt oubliés, si promptement disparus, il y a quelque douceur à apercevoir au dessus de sa tête ces astres immuables dans leur apparence de jeunesse et d'éclat, ces astres qui autrefois semblaient sourire à vos espérances, et qui maintenant semblent compatir à vos regrets.

C'était à des rêveries de ce genre que s'abandonnait le voyageur couché sur la rive du fleuve; mais il y avait pourtant dans sa mélancolie quelques douces pensées..... pensées qui naissaient, s'évanouissaient et revenaient avec un cri lointain d'oiseau de nuit, avec le gazouillis du flot se brisant à ses pieds contre quelque racine de saule, avec le tintement de la cloche du prochain monastère, avec le bruit du moulin

qui bat l'eau à quelque distance de là. Cette harmonie était pour lui pleine de charmes et de souvenirs, car c'était la voix de la patrie qu'il
retrouvait après une longue et périlleuse absence.

Dans cette si douce rêverie, il eût oublié et le
lieu où il se trouvait et la nuit qui l'allait surprendre, s'il n'eût senti plus d'une fois sur sa
main le souffle chaud et humide du coursier
rapproché de lui. De temps en temps le fidèle
animal le poussait comme pour lui dire : Songes-
tu, compagnon, que nous sommes encore sans
gîte tous deux ?

Alors, sortant de sa méditation comme d'un
rêve, le croisé répétait encore :

— Oh hé! l'homme du bac, dépêchez! il y a
ici quelqu'un qui demande passage... dépêchez!

Ce cri, quoiqu'il arrivât jusque dans la demeure de l'homme préposé à la conduite du bac,
n'y avait pas excité le moindre mouvement, et
cependant une femme à la taille haute et droite,
aux membres secs et longs, une femme qui, malgré ses vêtemens communs, ne manquait pas
d'une certaine dignité, et dont l'œil brillant annonçait un mouvement d'idées supérieures à cet

instinct qui semblait, à cette époque, la seule vie
morale des individus de sa classe, une femme
avait interrompu le tournoiement de son fuseau, pour dire, d'une voix qui n'avait rien de fé-
minin :

— Tu n'entends donc pas, Maclou, que l'on
crie au bac de l'autre côté de l'eau ? si tu dors
toujours, misérable serf, comment feras-tu pour
payer les dix doubles parisis que tu dois, vienne
la Saint-Jean, pour le fermage de ce logis et du
droit qu'ont nos maîtres, les seigneurs du Temple, sur la bourse de tout voyageur obligé de passer l'eau en face de la Commanderie ? Tu ne seras
pas en mesure pour t'acquitter, et le fouet prendra un à-compte sur les épaules du vassal.

Un homme, qui était étendu par terre, sur un
amas de filets et de roseaux secs, leva la tête.

— Le fouet ! dit-il ; ah ! Jeanne, ma mie, en
sont-ils là de leur reconnaissance, nos seigneurs
du Temple ?

— Ah ! oui, dit-elle avec un rire amer, reconnaissance ! c'est un mot bien trouvé. La corde
froide d'un bac à tirer, dans l'hiver et dans l'été,
pour payer ce que j'ai risqué, ce que j'ai perdu
pour eux, c'est une grande pitié !

— Pourquoi alors continuer à les servir dans leurs projets? Tu as beau secouer la tête... je sais, mignonne, que vous allez à Templeville; que vous vous y renfermez des heures entières avec le grand maréchal, le sire Arnould de Vismale, ce long, sec et vieux squelette dont on compterait tous les os sans l'ampleur de son manteau blanc. Et l'autre nuit, quand j'ai entendu chuchoter à la fenêtre, qu'ai-je vu en ouvrant les yeux? la bien-aimée de mon cœur en conférence par la croisée avec le même manteau blanc qui a disparu dans les ténèbres, ni plus ni moins que le linceul d'un mort dans une nuit d'Avent!... Et notre pauvre petite Alboflède n'est-elle pas aussi mêlée aux intrigues de Templeville? Vous serez bien avancée quand vous lui aurez fait perdre sa place de naine de bonne maison?

— Tais-toi! et laisse-moi faire... J'ai en ce moment au côté deux quenouilles bien embrouillées; mais je ferai si bien que, l'une des deux me donnera un bon fil qui sera profitable au ménage.

— Je ne demande pas mieux, quand ce ne serait que pour raccommoder mes filets!

— Et en attendant, le voyageur attardé s'en-
roue à demander passage. Gare à toi, si c'est
quelque gentilhomme! il fera payer cher au serf
paresseux sa longue station sur le bord de l'eau,
au milieu des brouillards d'une soirée d'automne.

— Un gentilhomme! tu n'y entends rien,
Jeanne, reprit le vassal; de même que je reconnais
au frétillement qui agite mon filet quel est le
poisson qui se débat dans ses mailles, je devine,
au cri, la nature du voyageur qui réclame mon
ministère. Écoute cette voix qui m'appelle...
elle n'a rien d'hostile, rien d'emporté; elle
prie plutôt qu'elle ne commande. Cette voix
n'a jamais appartenu à un noble. Si un gentilhomme était là, j'entendrais crier aussi
l'écuyer, et les grosses injures et les menaces arriveraient jusqu'ici! Si c'était quelque
homme du Temple, il jurerait déjà comme un
Sarrazin! Non, non, c'est quelque vagabond à
bourdon et à coquille, quelque jongleur avec son
singe, ou un trouvère avec sa vielle, qui peut-
être se rend au marché des Andelys. Ce n'est
pardieu pas la peine de me déranger! Sont-ce
pas là de belles pratiques... des gens qui paient
en monnaie de singe! Espèce de monnaie, ajouta

l'ivrogne d'un ton goguenard, que notre bien-aimé monarque Philippe-le-Bel n'a pu encore altérer, quoique toutes, dit-on, passent par ses royales mains... A d'autres les grimaces! moi j'en suis las... et je dors... Adieu, les voisins!

Et, en disant cela, le passeur se retourna sur son lit de roseaux.

L'on appelait toujours de l'autre côté de l'eau. La grande Jeanne jeta un regard de mépris sur l'ivrogne rendormi, puis elle se leva et prit une lanterne sur le manteau de la haute cheminée. Guidée par la lueur douteuse que jetait une maigre chandelle à travers la corne épaisse et jaune de cette lanterne, elle ramassa, derrière la porte de la chaumière, une longue perche garnie d'un crochet de fer, et détacha de son clou la clé du cadenas servant à retenir le bac au rivage. Après avoir fermé la porte, elle descendit rapidement le talus sur lequel s'élevait sa petite demeure ombragée de saules, et, détachant le bac, saisissant d'une main vigoureuse la corde qui s'éleva au dessus de l'eau avec ses pendeloques d'herbes de rivière, elle s'éloigna du bord, après avoir annoncé d'une voix perçante que l'attente du voyageur allait cesser.

Instruit, par le cri de la femme, de l'approche

du bateau, le croisé se leva et chercha de l'œil
le sentier frayé qui permettrait à son cheval de
descendre la rive escarpée, pour entrer dans le bac.

Il vit alors une grande clarté. Elle arrivait,
suivant le cours et gardant le milieu du fleuve,
et jaillissait des torches qui brûlaient sur deux
barques suivant à la file la dérive de l'eau. La
rapidité de leur marche eût pu être accélérée
par les rameurs qui en garnissaient les deux
côtés; mais, soit que la beauté de la soirée fît
prolonger le plaisir de la promenade, soit que
les personnes que contenaient ces embarcations
préférassent le mouvement imperceptible d'une
barque abandonnée au courant à cette secousse
qui suit chaque coup de l'aviron, les rameurs
inactifs restaient droits sur leurs rames élevées
au dessus de l'eau. Humides encore, elles laissaient tomber de larges gouttes qui brillaient
comme de l'argent vif; la lumière des torches
faisait encore briller au loin, les ornemens dorés
des bateaux, leurs draperies lourdes de broderies,
leurs pavillons blasonnés, l'acier et le fer des
hommes d'armes. Debout et appuyés sur leurs
lances, ces écuyers remplissaient la seconde des
barques.

La première, la plus richement décorée des deux, était d'un aspect doucement merveilleux, à côté de cet assemblage flottant de casques aux visières fermées, de cuirasses ne renvoyant que de sombres reflets, de bannières dont on ne voyait briller que la frange inférieure.

Sur cette première barque, à l'exception de ses quatre rameurs, on n'apercevait que des femmes. Il y en avait trois assises à la proue. L'une, celle qui se tenait au milieu, grande, droite, les yeux tournés vers le ciel, avec son air grave et sévère, les ornemens dorés de sa tête, l'hermine de son manteau, semblait une reine ou une prophétesse des vieux temps.

La seconde, plus petite, et pour ainsi dire plus femme dans la coquetterie des longs voiles que la brise du soir faisait flotter autour d'elle, tenait sa tête gracieusement appuyée sur l'épaule de la première; une mandore était entre ses mains, et ses doigts, en se promenant au hasard sur les cordes, jetaient de doux accompagnemens aux plaintes de la Seine et au cri du gouvernail qui, abandonné, remue et vire selon le caprice de la vague.

La troisième, ainsi qu'un enfant qui oublie

tout pour se livrer au jeu, penchée sur l'eau ,
cherchait à attirer à elle ces longs filamens verts
qui flottent à la surface du fleuve, comme la chevelure d'un esprit des eaux.

Elle s'en alla si doucement, la nef des trois
dames mystérieuses, et elle passa si près du
bord, que, si notre aventurier ne vit pas bien
leurs visages, c'est qu'il en fut empêché par
leurs voiles. Celle qui tenait la tête penchée ne
fut pas non plus vue de lui, mais il entendit
sa voix qui le fit tressaillir sans qu'il sût pourquoi.

— Mon Dieu, dit cette voix enfantine, mon
anneau qui vient de s'échapper de mon doigt et
de choir au plus profond de l'eau!

— Mauvais présage, ma sœur, dit la dame du
milieu, d'un ton de voix plein, et avec un accent
moqueur; qui perd sa bague dans l'eau à cette
heure se fiance au gobelin de la rivière, et risque,
en montant dans son lit, de trouver une tête de
barbillon sur son chevet.

— Et cela, ma sœur, reprit en ricanant la
dame musicienne, cela ne serait-il pas chose gra-
cieuse pour votre époux, de voir la place prise
par un pareil rival?

— Par sainte Cunégonde qui protége les épouses délaissées! reprit la plus grande des trois
dames, voici encore une question à faire à celui
que nous irons interroger demain. Petite rieuse,
ma sœur, vous qui êtes incrédule encore, que
direz-vous s'il répond à souhait à cette demande :
Qu'ai-je perdu hier au soir, en me promenant
sur l'eau ?

Voilà ce qu'entendit le voyageur et ce qu'entendit sans doute aussi la Jeanne qui avait eu le
temps de gagner la rive et d'abandonner la corde
du bac pour ne point faire obstacle au passage
des deux barques.

Elles étaient loin déjà, et déjà de cette apparition passagère il ne restait plus qu'une faible
clarté sur les eaux et entre les saules touffus qui
suivent les détours de la Seine, quand Jeanne se
montra.

— Qui veut donc que je le passe ? dit-elle en
paraissant tout à coup sur la rive.

— Me voici, répondit le croisé en s'avançant
vers la batelière.

La lanterne, qu'elle tourna du côté d'où partait
la voix, éclaira et fit briller les mailles de l'armure du soldat.

2.

— Ah! Messire, lui dit-elle d'un ton doux et poli, inspiré par l'aspect de cet ajustement guerrier, il nous chagrinait fort déjà de ne pouvoir nous rendre plus vite à votre appel, et notre retard forcé nous eût bien plus peinée si nous avions su que celui qui nous demandait fût un vaillant.... un vaillant....

La péagère cherchait, en promenant la clarté de sa petite lanterne sur l'homme placé devant elle, quel titre elle pourrait lui appliquer d'après le plus ou moins d'éclat de son accoutrement.

— Un pauvre soldat de la croix, reprit l'étranger pour faire cesser cet examen, et en appuyant sa main sur le signe révéré qui couvrait sa poitrine, un soldat pour qui la vie a été une grande leçon de patience. Il se repentirait d'en vouloir à qui lui donne occasion d'exercer cette vertu et de se livrer à la méditation.

Elle chercha, toujours au moyen de sa lanterne, à savoir quel était l'âge de l'homme qui tenait de si graves discours. Projetée sur la figure de l'étranger, la lumière fut encore renvoyée par les mailles de fer : le soldat de la croix avait tiré sur son visage l'espèce de rideau que son armet laissait à sa disposition, quand il ne voulait pas être reconnu.

— A votre aise, Messire, dit la femme; mais en vérité, il est, je crois, bien inutile de vous gêner la respiration sous votre capuce de fer; vous le voyez, il n'y a personne dans mon bateau, car je ne suppose pas que ce soit pour moi, pauvre femme filant mon lin quand je ne remue pas les rames ou que je ne tire pas le filet, que vous preniez cette précaution de cacher votre visage. Faut connaître, pour reconnaître, comme on dit, et je n'ai connaissance aucune du rang de ceux qui portent vêtement de la façon et de l'étoffe des vôtres, messire chevalier.

— Peut-être, répondit-il, peut-être, Jeanne; mais vous n'avez pas toujours, comme le rat d'eau, passé votre vie dans les racines d'un saule, et toutes vos dents ne se sont pas usées, je pense, à ronger les mailles d'un filet à pêcher.

— Ma foi non, Messire, et par mon nom que vous venez de prononcer, sans que je sache comment vous le connaissez, il y a de par le monde un château où la vieille souris a grignoté

le pain blanc que l'on gagne en laissant sa volonté à la porte du riche.....

— Launoy, dit tout bas l'étranger.

— Launoy! répéta la femme.

Elle resta un instant plongée dans un silence
de réflexion ; puis elle reprit en tournant encore
sa lanterne vers l'inconnu :

— Qui donc êtes-vous?... Vous êtes donc venu
au château du Launoy, quand ses tours blanches
et bleues se dessinaient encore dans ses beaux
et larges étangs qui dormaient au milieu de nos
bois, et que le ménestrel et le pélerin saluaient le
manoir du nom de *bon-accueil*, pour célébrer la
joyeuseté de ses bonnes et longues soirées, ses
franches lipées aux jours de fête, la prud'hommie des maîtres, la grace sans pareille de la châtelaine, et la douceur exquise de l'hypocras
qu'elle versait à tout venant? Qui donc êtes-
vous?

— Un soldat qui demande passage et rien
de plus, répondit froidement l'étranger ; un
soldat qui vous prie de hâter notre arrivée au rivage.

— Aidez-moi donc et mettez la main avec
moi sur cette corde... Voilà qui va bien... Mais,

sáchez-le, je ne reste avec confiance dans ce bac, après ce que vous m'avez dit, que parce que vous portez la croix sur vous.

— Et sans cela, femme, vous croiriez donc que je suis Satan, parce que je sais votre nom, parce que je sais qu'il y a de par le monde un château du nom du Launoy?.. Satan!.. oh! pardieu, continua-t-il en riant, Jeanne, êtes-vous si Jeanne, que vous n'ayez jamais rencontré un de ces malandrins dont l'armure dorée résonne sous le blanc mantel? Si vous en avez jamais passé quelqu'un dans votre bac, certainement, ne fûtes oncques plus en compagnie de Lucifer, et cependant, à leur poitrine, qu'ils portent cuirasse ou haubergeon, ne manque jamais le signe sacré qui, ce soir, vous rassure!

— Vous voulez parler de nos seigneurs du saint ordre du Temple? dit la femme. De pareils discours, Messire, sont défendus sur ce bateau qui se nomme le Saint-Jean, afin que vous le sachiez, sur ce bateau que de temps en temps nous faisons peindre de blanc, et qui porte en tête la croix aux huit branches, la croix de l'Ordre... vous la verriez s'il faisait un peu plus clair. Vous verriez aussi, si c'était jour de fête, que ma jupe

est alors mi-partie blanche et noire, ce qui fait
que les gabeurs et plaisans du pays m'appellent
la pie de rivière.

— Ah! dit l'étranger, Jeanne Mauconseil s'est
faite vassale d'une templerie?... Hé bien, alors
ses maîtres et seigneurs ont dû l'habituer à voir
le démon changé en porte-croix!

— Silence! au nom de monseigneur saint Jean;
silence! dit encore la femme, car nous touchons au
rivage, et si quelqu'un de la commanderie vous
entendait......

— Bah! dit le soldat avec insouciance, que
m'arriverait-il donc?

— Je n'en sais rien; mais croyez qu'il y a
meilleure connaissance à faire que celle des ou-
bliettes de Templeville. D'ailleurs ne seriez-vous
pas fâché, en conscience, de me faire perdre, en
me forçant d'entendre parler mal de nos seigneurs, le droit de conduire ce bac et de dire au
voyageur lorsqu'il touche le bord comme vous à
présent : Or ça, payez à Jeanne, la passeuse, le
droit du péage et du bac : six deniers, selon la
dernière ordonnance, et que Dieu vous mène
sain et sauf là où doit finir votre route!

— Amen! dit l'étranger.

Et, traînant son cheval qui, pendant tout ce trajet nautique, était resté comme un patient voyageur, la tête basse et sans mouvement, il gravit l'étroit sentier qui rendait la berge du fleuve accessible. L'ennui du coursier avait été silencieux; sa joie fut plus expressive : un hennissement de plaisir signala ses premiers pas quand il se sentit sur un terrain uni et solide; puis il tourna ses naseaux au vent, comme pour lui demander s'il lui apportait l'odeur du gîte qu'appelaient les fatigues d'une longue journée de voyage.

CHAPITRE II.

Il était nuit close, et l'on n'apercevait alors d'autre clarté que celle qui s'échappait à travers les vitres de l'étroite croisée de la maisonnette des saules, de la maisonnette où dormait le péager, et où Jeanne se disposait à rentrer.

Le but du voyage du croisé n'était pas éloigné; mais la route, et il la connaissait bien, était difficile avec ses ravins, ses bas-fonds, avec ses fossés à éviter, ses halliers à franchir, et il ignorait encore si, là où il voulait aller, il trouverait un abri contre le froid de la nuit et le mauvais temps que le vent apportait dans le rideau noir des nuages qui déjà s'étendaient à l'horizon sur les étoiles disparues.

— Hé bien, Messire, dit la femme après avoir reçu le prix du passage et fixé le bac au pieu du rivage, hé bien, vous êtes encore là?... vous étiez si pressé d'arriver... Est-ce le chemin qui vous embarrasse?... Si mes indications peuvent vous être utiles, elles ne vous manqueront pas et tâcheront de vous faire arriver au port comme tout-à-l'heure.

— Je réfléchis, répondit l'étranger, qu'il est bien tard pour arriver à temps, ce soir, au château du Launoy.

— Au château du Launoy! s'écria Jeanne, et que voulez-vous y faire?... Êtes-vous farfadet, loup-garou ou ganipède, que vous soyez si pressé de vous trouver dans ces ruines maudites! S'il en est ainsi, enfourchez au plus vite un bon manche à balai, il vous conduira plus sûrement là où vous voulez aller, que ne ferait cette pauvre bête; car, j'en réponds, vous ne vous retirerez pas, à cette heure, des routes effondrées par nos derniers orages! Croyez-moi donc, si vous cherchez tout simplement l'abri d'un toit contre la

pluie qui commence à tomber, et non les plaisirs
du sabat, arrêtez-vous ici. Voici ma cabane, et
il y a là une poignée de foin et d'avoine pour votre compagnon de route. Vous, Messire, vous y
trouverez peu de chose : le pain noir du vassal,
des oignons, un lit de roseaux... Mais, bah! une
nuit est bientôt passée ; et l'on m'a dit que là-bas,
en Palestine, nos frères en Jésus-Christ n'avaient
bien souvent trouvé que la voûte du ciel et le sable, pour couvrir et reposer leurs membres fatigués par la route, ou meurtris par le fer des
mécréans.

— Oui, dit le croisé, j'aurai passé de plus mauvaises nuits que celle que, grace à votre offre, je
vais trouver dans votre demeure ; ainsi, Jeanne,
en route, je vous suis... Des ruines! répétait-il
tout bas en marchant derrière la péagère; le
château est-il réellement abandonné? ajouta-t-il
plus haut, mais d'un ton annonçant qu'il redou-
tait la réponse.

— Le château du Launoy? répondit brusquement la femme; hé! qui y demeure, si ce n'est
l'ombre du vieux sire Guy?

— Mort! s'écria l'étranger. Ses jambes flé-
chirent... il s'arrêta. Son cheval, qui le suivait,

fit encore un pas et s'arrêta comme lui, en baissant la tête pour saisir quelques feuilles de la haie voisine; son cou servit d'appui au soldat, quand, après le mouvement de prière ou de désespoir qui lui avait fait lever les mains vers le ciel, celui-ci les laissa retomber avec découragement.

Jeanne arriva seule à la porte de la chaumine; elle se retourna : l'étranger était resté sur la route, immobile et plongé dans la douleur.

— Hé bien, où donc êtes-vous, mon hôte? dit la femme en élevant la voix.

Il ne répondit rien; mais un instant après, elle entendit le bruit des pas du coursier sur le gravier de la rive et le cliquetis des habits de fer de son maître.

— Allons, allons, dépêchez-vous, Messire, car voici l'eau qui commence à tomber. Le ciel est pris partout, et tout-à-l'heure le vent, qui s'élève, va promener sur toute la plaine un arrosoir capable d'éteindre les feux de tous les chevaliers errans. Entrez! — Tenez, là, sous ce hangar, en dérangeant un peu ces filets, ces paquets de filasse et les vieilles planches de notre premier bateau, votre destrier n'aura-t-il pas tout ce qu'il lui faut de place, pour passer une nuit à couvert

du vent et de la pluie? Nous avons quelque peu
de paille pour mettre sous lui... Je vous laisse ma
lanterne, vaquez au soin de l'écurie; moi je vais
voir là dedans s'il reste encore quelques brins de
sarment pour vous installer gaîment au coin du
feu du batelier.

Une heure après, un reste de clarté et de chaleur s'échappait de la cheminée où brûlaient
encore les extrémités pétillantes du sarment qui
avait célébré joyeusement l'entrée du chevalier
dans la chaumière. Cette lumière éclairait un
homme couché non loin du péager : c'était le
voyageur qui, enveloppé d'un long manteau brun
détaché de dessus son cheval, était étendu sur
quelques bottes de roseaux secs.

Jeanne filait toujours auprès de la table, et
l'on n'entendait dans la chaumière, avec le bruit
de la pluie battant l'étroite croisée, avec les
vagues et lointains murmures du fleuve et du
vent, que le ronflement sourd du péager et le
frôlement du fuseau de la femme.

Le soldat ne dormait pas; mais il continuait,
dans le silence et dans la demi-clarté tremblante
autour de lui, avec le feu expirant du foyer, le
cours pénible de ces réflexions qui l'avaient tenu

immobile à la porte, malgré la pluie, lorsque la femme lui avait fait entendre que le vieux sire Guy était mort.

Et pourtant, pensait-il, je ne pouvais guère m'attendre à le retrouver... Oh! non, et le jour où je lui annonçai mon départ et reçus ses dernières instructions je sentis que je faisais une promesse sacrée comme celle dont on prononce les termes, la main étendue sur un tombeau. Ses lèvres, lorsque je les pressai, avaient le froid des derniers embrassemens, et ce n'était point un vain présage quand, après avoir écouté à genoux la prière dont il accompagna sa bénédiction, je me relevai en murmurant involontairement le *requiescat in pace* des funérailles! Mon pauvre père... tu ne m'as pas vu revenir, et ils ont dû être bien tristes, tous ces jours passés à m'attendre! Ah! du moins tu t'es endormi avec l'espérance dans le cœur et le pardon sur les lèvres; un dernier rêve, un rêve consolant t'a montré, je l'espère, ton fils de retour dans ton manoir, le relevant de ses ruines, l'entourant de tout l'éclat de ta fortune retrouvée... Et, tu le vois, mon père, du séjour bienheureux où tu m'attends maintenant, tu le vois, mieux valait le songe que

la réalité; car me voici tout seul, tout seul encore, et apprenant d'une bouche indifférente
que je t'ai perdu aussi, mon noble ami! Me
voici à la porte du manoir seigneurial et du do-
maine de nos aïeux, recueilli par la pitié, et
abrité sous le toit d'une vassale perfide, passée
au service de nos ennemis! Dans ce temps où
le fer et la force donnent tout, réparent tout,
me voici, moi, pauvre jeune homme, incapable
de supporter le poids d'une masse d'armes et de
pousser une lance en champ clos!... Brave et
exposé à subir l'insolence du fier-à-bras, parce
que mon bras, à moi, ne peut entamer cette dure
enveloppe d'acier derrière laquelle peut-être se
cache la lâcheté; sans or pour payer ceux qui se
battent à votre place; sans bonheur, sans amour,
parce que je ne gagnerai jamais le prix d'un tour-
noi aux yeux des dames!... O mon père, à la
place de cette ame tendre et rêveuse qui s'exhale
parfois en mots harmonieux bientôt étouffés par
le fracas des armes, dans ce siècle de fer, il fallait
me donner un bras de fer aussi!... C'était à cette
seule condition que j'eusse pu reconquérir mon
héritage et venger tes offenses et les miennes...
Je n'en poursuivrai pas moins nos ennemis, me

trouvant partout où il y aura moyen de leur nuire, élevant ma voix contre eux partout où l'on sera tenté de les condamner, et, à défaut de force, employant la ruse et l'adresse…. Voilà ma tâche, voilà ma vie, jusqu'à ce que l'heure soit venue d'aller moi-même te rendre compte de la mission que tu m'as confiée !

A la suite de ces réflexions, le jeune homme leva la tête, car il lui sembla que l'on frappait trois petits coups en dehors de la fenêtre de la cabane.

Jeanne regarda de ce côté.

— Alboflède, murmura-t-elle entre ses dents ; qui l'amène si tard ?…

— Mère, ouvrez-moi ! Il pleut, et j'ai eu beau, pour me garantir, relever ma jupe par dessus ma tête, la pluie a mouillé les cheveux, les beaux cheveux de votre petite Alboflède.

Et ces mots, dits d'une voix perçante, étaient accompagnés d'un tambourinement de doigts sur les vitres de la croisée.

— Allons, allons, patience, enfant, j'y vais, dit Jeanne en quittant sa quenouille et son escabeau.

La porte s'ouvrit, et, à la vue du personnage

qui s'offrit alors à sa vue, le soldat put croire un moment que son rêve n'était pas fini.

C'était une toute petite femme au nez pointu, droite, raide et marchant à si petits pas, qu'elle paraissait posée sur des roulettes. Deux grands yeux restaient constamment ouverts dans sa figure toute ronde et toute luisante; ses joues étaient symétriquement placardées de rouge; ses sourcils, à la courbure effilée, semblaient sortir de la pointe du pinceau; sa bouche pincée était encadrée de lèvres bien vermeilles. Elle ressemblait, en un mot, à l'un de ces jouets si communs que l'on donne aux petites filles, apparemment pour leur apprendre de bonne heure à tenir quelqu'un sous leur dépendance, étude dont la poupée est le rudiment, l'amant, l'essai, et le mari, l'application.

Sa toilette allait admirablement bien à sa taille et à sa figure : elle était parée comme une dame ; sa jupe garnie d'hermine, les broderies de son manteau, le voile qui descendait de son bonnet en pointe, ajusté selon la mode du temps, la chaîne d'or pendante devant elle avec son aumonière aux clous d'argent, tout en elle annonçait la richesse. Aux ornemens bizarres ajoutés à ses ajustemens,

à l'exagération de quelques parties de sa toilette,
à l'espèce de carcan qui serrait son cou, carcan
d'or sur lequel étaient gravées des armoiries répétées en broderie sur l'épaule de la naine, on
devinait que tout cet éclat n'était, sur ce corps
chétif, que l'enseigne de l'opulence d'un maître,
et que le caprice l'avait affublé ainsi pour en
faire une occasion de jeu et un objet de moquerie.

La course qu'elle venait de faire, la pluie et le
vent, avaient bien ôté quelque chose de la propreté
et de la symétrie primitives de sa parure.

Elle s'approcha de la cheminée et rajusta sa
toilette à l'aide de celle qu'elle nommait sa mère.

Cet arrangement permit au voyageur attentif
une suite d'observations qui, toutes, lui prouvè-
rent que le petit être se démenant alors devant le
foyer, relevant les boucles de ses cheveux, frappant du pied pour faire tomber le sable amoncelé
sous la semelle de ses mules mordorées, et se
mouvant de droite et de gauche, comme un serin
qui, après le bain, ébouriffe ses plumes pour en
faire sortir la dernière goutte d'eau; que cet être,
dis-je, était déjà loin de l'âge qu'annonçaient sa
petite taille et sa tournure mignonne. Sa figure
avait quelque chose de tiré et de vieillot, et si

3.

l'on n'y remarquait point de rides c'est qu'elles avaient peut-être disparu sous la couche de céruse et de vermillon dont elle rajeunissait, tous les matins, son masque de poupée coquette.

— Là, y a-t-il raison, je vous le demande, disait Jeanne en décrottant le bas du manteau de la petite; y a-t-il raison de venir à cette heure et par le temps qu'il fait!

— Ah! bah! fit-elle avec une grimace toute drôle, est-ce qu'Alboflède se laisse effrayer pour si peu! Moi qui vis avec les grands, je sais l'avantage qu'on trouve à se faire petit. Allez, allez! il faudrait que la pluie tombât à gouttes bien pressées pour qu'Alboflède ne sût pas se faufiler entre elles.

— Mais en effet, petite, tu n'es pas trop mouillée, dit Jeanne en lui frappant sur le dos.

— Quand je vous le dis, ma bonne mère, répondit-elle en riant encore, c'est tout profit d'être petit... dans le mauvais temps. Et alors, ne trouve pas qui veut une litière du genre de celle qui m'a transportée ici.

— Et comment donc, Alboflède, es-tu venue?

— A dos d'homme! Et voilà ce qu'un excellent

Lombard a fait pour moi, pas plus tard que ce
soir. Lombard, Juif ou Bohême, il s'est présenté, ce matin, au château Gaillard avec de
beaux bijoux et de riches tissus. Il en avait une
caisse pleine qu'il portait à grand'peine derrière
son dos. — Achetez-moi ceci, achetez-moi cela!
Le diable est le bien-venu chez une femme qui
s'ennuie; jugez de l'accueil qu'ont fait à notre
marchand baragouinant trois jeunes princesses
délaissées dans un vieux manoir! Mes sérénissi-
mes maîtresses se sont trouvées en si belle humeur
de générosité pour toutes les dames de leur suite,
et le barbu a si bien débité sa marchandise, que,
ce soir, il y avait un vide immense dans sa caisse
de voyage. Pendant que le respectable iscariote
joignait aux gains du jour un bon repas qu'il par-
tageait avec les pages et les écuyers, moi j'ai pris
la place de ses étoffes, de sa bijouterie et de ses
fourrures vendues; et bientôt, chargée sur son
dos, j'ai franchi, sans permission, l'enceinte redoutable du château Gaillard. Il y a apparence
que l'excellent repas qu'on avait fait faire au juif
amortit l'effet des réflexions que lui inspira, sans
doute, la pesanteur de son fardeau; ce qu'il y a
de sûr, c'est qu'il ne se douta de rien jusqu'au

moment où, arrivée au point que je voulais atteindre, je me mis à trépigner comme un enfant
en colère, et à battre du poing le couvercle de la
boîte, ni plus ni moins qu'un timbalier ses
timbales, en criant de toutes mes forces : Achetez, achetez au marchand qui porte le diable en
attendant que le diable l'emporte! Ce bruit, ces
cris, épouvantèrent le Lombard. Dans ce moment
d'effroi, il se rappela sans doute que le capellan
de madame Marguerite s'était écrié, le matin
même, en voyant l'étalage de ses marchandises
profanes, que certainement Satan en personne
leur avait donné cet éclat, et que, si l'on y jetait
de l'eau bénite, on verrait tous ces bijoux se
changer en charbons, et les étoffes, en toile d'arai-
gnées.

Il jeta là sa boîte, se sauva tout penaud, et
maintenant il est dans quelque hôtellerie à raconter son étonnante aventure, que nous entendrons,
un de ces jours, chanter à quelque ménestrel sous
le titre d'*un marchand qui porta le diable sur son
dos.*

— Oncques diable! s'écria Jeanne en riant, ne
se connut mieux que toi en malices et en bons
tours. Mais, dis-moi, mignonne, quel sujet rend

la visite si pressée, que tu te sois exposée, pour
venir me voir, au fouet d'abord — car c'est là ce
qui attend un pauvre serf qui a fui le logis de son
maître et seigneur — et puis ensuite à tous les
dangers du voyage?.....

   — Et le plaisir de me divertir aux dépens d'un
mécréant et de mettre en défaut la surveillance
du plus clairvoyant des châtelains; comptez-
vous donc cela pour rien?... Mère, croyez-vous
aussi qu'Alboflède reste long-temps dans sa cage
brillante, sans éprouver le besoin de venir respirer la bonne odeur de vos joncs, de vos
filets qui sèchent? Ne savez-vous pas que l'air
de la liberté est quelquefois si nécessaire à la
poitrine de l'esclave, qu'il passera par le trou
d'une aiguille pour aller en chercher. O mère!
vous n'avez donc jamais pensé combien cette
langue, ces lèvres qui peuvent aussi faire entendre des paroles de sens et de raison, se trouvent fatiguées, à la fin, de ce langage de fou,
de ces plaisanteries fades, de ces flatteries basses
qui leur sont imposées. — Ris, pauvre Alboflède,
saute comme le petit chien après le gâteau que
l'on te tend. Sois gaie, ou gare le fouet! Ah!
voyez-vous, ma mère, ce masque que je tiens

sur mon visage est plus lourd qu'un masque de
plomb, et, quand je ne suis plus avec mes maîtresses, je pleurerais volontiers, rien que pour
désapprendre à mes traits ce vilain rire qui doit
accompagner toutes mes paroles, tous mes gestes... Oh! si vous saviez, ma mère, combien il
est triste de rire toujours!

Et elle pleura long-temps dans les bras de
Jeanne.

La conversation reprit; mais comme les deux
femmes étaient si près l'une de l'autre, qu'elles
se touchaient de la bouche à l'oreille, le voyageur
n'entendit plus que difficilement les paroles
qu'elles échangèrent ensuite.

Cependant il comprit qu'il était question entre
elles d'une autre personne dont il n'entendit pas
le nom et à laquelle toutes deux portaient un vif
intérêt. Son attention redoubla, car il lui sembla
qu'une d'elles avait prononcé le nom de LAUNOY.

— Prévenez-le, disait la naine à la vieille,
qu'elles doivent venir le visiter demain... Et
qu'il s'y prenne bien pour les étonner par de
nouveaux tours, car la dernière venue se moque
bien, je vous assure, de sa diablerie.

— Hum! hum! fit la Jeanne, on verra, on

verra!... et la plus incrédule aujourd'hui sera peut-être demain la première à crier : C'est un sorcier. En fait de piperie, ne l'avons-nous pas maintes fois expérimenté ? De toutes les allouettes qui passent, virent et volent autour du réseau, c'est la plus dédaigneuse souvent qui s'y prend la première. Voyons, mignonne, ne veux-tu pas, ce soir, venir encore en aide à la sorcellerie, et me vas-tu conter quelque secret arrivé à ta connaissance, quelque secret qui, révélé mystérieusement par l'homme des ruines, achèvera d'arracher la confiance dont il a besoin ?...

— Voyons ! que sais-je ? dit la naine en posant la main sur son front, comme pour rappeler ses souvenirs, voyons, que vous dirai-je qui soit digne de lui être rapporté ?... pas grand' chose. La visite du Lombard, la couleur, la broderie des étoffes que ces dames ont distribuées à leurs femmes, la bague que madame la comtesse de La Marche a achetée, quoiqu'elle fût trop large pour son doigt.

— Une bague trop large pour son doigt, répéta Jeanne, je sais ce qu'elle est devenue. Et dis-moi, petite, ce message que je t'ai donné pour elle a-t-il produit bien de l'effet ?

— Ainsi que vous me l'avez recommandé, et pour remplir les intentions de ceux que vous servez, je l'ai remis, en cachette, sur son oratoire. Sa surprise a été grande en l'y trouvant. Elle s'est écriée après l'avoir lu. Tous les valets, écuyers, hommes d'armes du château, toutes les dames suivantes, demoiselles caméristes et chambrières, ont été interrogés sévèrement... Voici, de bon compte, trois citations qu'elle trouve, sans savoir qui plaça la première sur son chevet, qui attacha la seconde à son rideau, et qui mit la dernière sur son missel ouvert.

— Et sais-tu, mignonne, si elle est disposée à se rendre à l'ordre qui lui est annoncé et qu'elle recevra bientôt peut-être?

— Je l'ignore; mais ce que je sais c'est qu'elle est effrayée de ces avertissemens qui la poursuivent : elle a l'air de redouter beaucoup la puissance de ces hommes qui l'entourent d'un rets invisible. Je ne sais ce que contiennent ces missives; mais elle pâlit quand elle en parle, et je ne serais pas surprise que, dans son envie d'en pénétrer le sens, elle ne se décidât à accompagner ses sœurs dans leur prochaine visite au savant que vous servez.

— C'est bon à savoir, dit la fileuse, mais écoute, écoute, Alboflède, n'a-t-on pas frappé trois coups à la fenêtre?

— C'est le vent qui remue les vieilles vitres, ma mère.

— Non... Et, tiens! me suis-je trompée? Est-ce le vent, cette fois?

En cet instant, le voyageur crut entendre trois coups mystérieux, dont les deux premiers rapprochés furent séparés du dernier par un silence.

— C'est le signal, dit Jeanne d'une voix émue et en mettant son doigt sur ses lèvres: Chut! chut! ne regarde pas, enfant, n'écoute pas surtout; car la mort punit l'indiscret qui pénètre les secrets du Temple!

La naine se blottit dans un coin, et Jeanne souffla sur sa lampe qui s'éteignit.

Après quoi l'étranger entendit ouvrir doucement la fenêtre.

— Obéissance aux ordres du Temple, dit une voix grave, lente et sévère.

— Respect à ceux qui les apportent! répondit Jeanne.

— Femme, que doit faire l'affilié pour trans-

mettre les ordres émanés du covenant magistral?
dit encore la voix.

— Maître, il doit, s'il le faut, traverser le feu
et l'eau, et braver l'esprit du tonnerre et de la
grêle. Si ces ordres sont écrits, il doit les cacher
dans son sein, fussent-ils gravés sur le fer rouge,
ou dans sa bouche, fussent-ils tracés en encre
délayée dans l'*aqua toffana*, l'eau de justice et
de colère qui éteint tout souvenir; si ces ordres
sont dits, il doit se couper la langue avec les dents
plutôt que de les répéter.

— Gloire à la croix aux huit branches!

— Puissance à ceux qui la portent!

— C'est toi qui m'écoutes, c'est toi que l'on a
choisie pour remettre ce message à l'une des
femmes qui habitent à présent le château Gaillard.

— Que Dieu me soit en aide! j'obéirai.

— Je te remets ce gage pour celle que nous
favorisons de nos instructions secrètes. Il faut
qu'il lui parvienne avant que la lune se soit
montrée trois fois au dessus du donjon de Templeville. Il faut qu'en lui remettant ce signe, on
lui dise ces mots : Les bouleaux seront blancs sur
la bruyère de Naufle, dans la dixième nuit du
mois d'Adar.

Ce furent les derniers mots que le croisé entendit de cette conversation mystérieuse; car, le péager couché à côté de lui, s'étant réveillé tout d'un coup en demandant à boire, le silence le plus profond régna dans la chaumière.

En ce moment, la fatigue et le sommeil l'emportèrent sur la curiosité du croisé : il s'endormit.

Quand il se réveilla, quand il rappela à sa mémoire les étranges épisodes de cette nuit, il lui eût été impossible de dire s'il avait été le jouet d'un rêve ou le spectateur de scènes réelles; ce qu'il y a de sûr, c'est qu'il n'y avait plus alors dans la chaumière ni naine, ni Jeanne, ni péager. Il faisait grand jour; le soleil brillait à la fenêtre, et un souffle du matin, frais et joyeux, arrivait par la porte entr'ouverte, comme pour engager le voyageur à profiter du beau temps, et à se remettre en route.

Une autre invitation plus significative parvint aux oreilles du soldat : c'était le hennissement de son bon cheval.

— Me voici! me voici! dit-il en quittant son lit de roseaux, comme s'il eût entendu le réveil de la trompette, ou une voix de guerre qui lui eût crié : Partons!

III.

Jeanne fut vainement appelée et cherchée par le croisé près de se remettre en route.

La maisonnette et le jardin qui l'environnait étaient déserts ; l'on n'y entendait d'autre bruit que le caquet espacé de trois poules et le bruissement du grelot qui s'agitait au cou d'une petite chèvre, quand elle baissait la tête pour brouter l'herbe contenue dans le cercle tracé par la corde qui la retenait.

Elle vint choquer son front armé d'un commencement de cornes contre la main du voyageur :

on eût dit qu'elle était empressée de remplacer
par un signe d'amitié le bonjour dont les autres
commensaux de la chaumière faisaient faute à
leur hôte.

Il fit quelques pas vers la rive de la Seine, car il
entendait dans cette direction le bruit de l'eau
retombant dans l'eau par flaques et à des intervalles égaux ; bientôt il aperçut de loin, sous
les saules, cette eau mise en mouvement, qui s'é-
levait et s'abaissait, et semblait de loin une nappe
que le vent soulèverait sur la verdure d'un pré.
C'était un bateau qu'un pêcheur vidait après la
pluie et l'orage de la nuit.

Ce pêcheur était le mari de Jeanne, l'ivrogne
de la veille, qui travaillait aujourd'hui pour com-
penser l'oisiveté d'hier.

— N'est-ce pas vous, Messire, dit-il au chevalier, en se redressant à la tête de son bateau,
n'et-ce pas vous que notre ménagère a été chercher hier soir sur l'autre rive de la Seine ?

— C'est moi, répondit le croisé, qui te dois
l'hospitalité d'une nuit et qui viens la payer.

— Désespéré, reprit le vassal, de n'avoir pu
vous faire les honneurs de la manse du péage ;

mais je suis si las, si las, quand vient la fin du
jour et du travail, que je n'ai de force que ce qu'il
en faut pour me laisser tomber sur mon lit. Hier
surtout, ajouta-t-il avec un rire goguenard, et en
passant sa langue sur ses lèvres desséchées, j'a-
vais tellement travaillé le liquide, que j'en étais
ce qu'on appelle perclus de tous mes membres...
Avec ça, le soir est humide en diable... il m'en
est resté des brouillards dans la tête.

— Brouillards que le beau temps fera éva-
nouir, comme ceux du fleuve, répondit l'étranger.
Et Jeanne, où donc est-elle? continua-t-il en
regardant autour de lui.

— C'est cela, Jeanne, où est-elle? Messire, je
suis son mari, et c'est justement la raison pour
laquelle je ne peux pas vous répondre, parce que
c'est la raison pour laquelle elle ne me dit pas
où elle va.

— Puisqu'elle n'est pas ici, reprit l'étranger,
reçois pour elle ce chapelet dont les grains ont
été taillés dans la racine des oliviers qui enten-
dirent la dernière prière de notre Seigneur. Il y
a de grands pardons attachés aux patenôtres
que l'on dit sur ce chapelet, et, foi de croisé,
c'est ce que je puis donner de mieux à Jeanne.

— Certes, Messire, dit le batelier qui, après
avoir quitté son bateau, fléchissait le genou sur
la rive pour recevoir le chapelet, vous avez bien
raison : au plus grand pécheur les meilleures re-
liques ! Messire, je remettrai fidèlement à Jeanne
ce chapelet que je reçois pour elle. Puisse sa
présence chez nous nous maintenir en paix et
santé, éloigner de notre huche et cellier les
pastoureaux et autres malandrins errans et pil-
lards ! puisse-t-il, ce bienheureux chapelet, dé-
tourner de nos épaules le fouet de nos maîtres,
et des vignes du pays, la grêle et la gelée du ciel !

— Amen, répondit le croisé. Je crois, ajouta-
t-il, que les vignes jouent un grand rôle dans ta
vie, Jean bonhomme, et, quoique batelier, tu me
fais l'effet de ne jamais mieux te débattre avec
l'eau que lorsqu'il s'agit d'en boire. Tiens donc,
mon maître, ce double-bourgeois pour toi, et
qu'il te fasse boire un bon coup à la santé du
pélerin de retour !

— Graces soient rendues à votre courtoisie,
s'écria le vassal, et vous retrouverez, Messire,
votre manoir en bon état, votre femme fidèle, et
votre levrier ingambe, si le Ciel exauce le vœu
que je ferai tantôt en buvant à votre intention !

L'étranger soupira.

— Adieu, dit-il, adieu.

Et il poussa son cheval en avant.

— Que saint Julien vous conduise, Messire, s'écria le passeur. Je joindrai au hanap tout plein que je veux vider à votre bon retour une oraison à ce saint patron des pèlerins.

A quelques pas de là, l'étranger s'arrêta.

— Holà, vassal, dit-il en se retournant du côté du passeur, quel cor sonne dans ces hautes futaies... tout là bas ? et quelles armoiries portent les levriers dont j'entends les lointains abois ?

— Ce cor, mon gentilhomme, répondit le paysan, et ces chiens que vous entendez, appartiennent à la glorieuse maison du Temple dont on aperçoit les tourelles sur la colline en face. Ce sont nos seigneurs qui commencent leur sainte journée.

— Ah! oui, dit le croisé avec un sourire plein d'amertume, ici, comme ailleurs, le cor de chasse est la cloche qui sonne les matines de ces vénérables moines.

— Qui ne se réveillent au cri d'hallali, reprit

l'ivrogne, que pour avoir le plaisir de s'endormir en chantant l'antienne de Saint-Hubert :

> Un bon pâté de venaison
> J'estime meilleur qu'autre viande ;
> Cela fait trouver le vin bon
> Et rend la sauce très-friande.

Le soldat reprit sa marche en faisant entendre un sifflement de colère.

Il chemina long-temps par des sentiers peu fréquentés, au milieu des champs, où les fils blancs de l'automne flottaient accrochés au chaume de la moisson dernière et le long des haies, noires de mûres, d'où s'élevaient des volées de grives et de merles.

Il passa par de pauvres villages aux toits affaissés, aux murs de terre ébréchés, avec leurs ruelles fangeuses et désertes que des oies maigres et déplumées traversaient en fuyant devant lui. Dans cet amas désordonné de sales et chétives habitations, vertes de lierre et de mousse, il n'entendait de bruit que celui de quelque porte qui se fermait prudemment à l'approche d'un homme en costume de guerre. Quelquefois un

chien mutilé — car le vassal n'en pouvait avoir
que de cette espèce — s'élançait sur ses trois pattes, et le poursuivait un instant de sés jappemens
de colère. Son cheval, quelquefois aussi, dres-
sait les oreilles à l'aspect d'un être long, maigre et blanc, se réchauffant au soleil du midi,
et s'amusant par passe-temps à effrayer les lé-
zards des vieux murs du bruit des cliquettes
de bois, sans lesquelles ne pouvait marcher le
lépreux.

La population valide, femmes, enfans, vieillards, étaient occupés à battre les champs pour
faire rentrer dans la forêt le gibier qu'y chas-
saient à grand bruit le commandeur de Tem-
pléville et ses joyeux frères.

L'on entendait toujours les voix des meutes
et des cors, tantôt mourant dans l'éloignement, et tantôt renaissant, apportées par les
bouffées de vent qui passent sur la forêt et sur
la plaine.

Engagé dans le bois, le voyageur vit maintes
fois le chevreuil, le daim et le cerf, traverser, en
bondissant, le sentier qu'il suivait. Souvent, il
apercevait de loin, dans un des carrefours de la
forêt, l'un de ses hôtes timides, arrêté et tour-

nant l'oreille au vent, comme pour lui demander des nouvelles de l'ennemi. Le bruit de la
chasse se taisait-il, alors il voyait le gentil animal reprendre sa sécurité, gratter son dos des
longues ramures de son bois, ou, baissant la
tête, chercher de l'œil et du nez, parmi les plantes encore humides, l'herbe qui lui plaît. Et
tout à coup, au bruit du cor qui se rapproche
avec la meute affamée, il se redresse, il s'in-
quiète de nouveau, il s'élance, et les feuilles
et les branches des taillis, froissées par son
passage, s'agitent encore, que depuis long-temps
il a disparu.

En cheminant toujours, le croisé fit rencontre
d'une bande joyeuse de varlets aux couleurs du
Temple, poussant devant eux des mulets chargés de gibier. Le cerf, le daim, le chevreuil,
placés en travers sur l'échine des bêtes de somme
pendaient, jambes de ci, pattes de là; des becs,
des plumes, des pieds de toutes formes et de
toutes couleurs, s'échappaient des paniers que
les aides de cuisine portaient gravement sur leurs
têtes. Quelques valets de chiens suivaient avec les
levriers mis hors de combat par la fatigue ou
la dernière défense d'un cerf près de succomber.

Tout cela marchait, riant, criant, hurlant, cornant, et faisait une digne escorte au maître-d'hôtel de la commanderie.

Gravement juché sur le dos de la plus belle et de la plus grasse des mules, maître queux s'en allait, dans ses habits du coup de feu, présider à la cuisson et à l'assaisonnement de cette venaison abondante. Tenant en main une gélinotte qu'il plumait avec délicatesse, pour abréger, en les occupant, les instans du voyage, il expliquait à deux marmitons marchant à ses côtés, les vastes et lumineux projets qu'il roule dans sa tête, relativement à l'emploi culinaire de tout ce gibier tombé sous les coups de ses maîtres.

Il aperçut le croisé qui, dans ce moment, passait à côté de lui.

— Bon voyageur qui portez une harpe, lui dit-il, si vous êtes vraiment professeur de gaie science, suivez-nous... ailleurs ne trouverez plus qu'à Templeville oreilles disposées à écouter vos leçons ! Mais au dessert, il faudra de bonnes chansons, car tu auras pour juges, ami ménestrel, de fins connaisseurs, aussi prêts à jeter la rinçure de leurs coupes à la face du chanteur in-

habile, qu'à passer leurs chaînes de chevaliers
au cou du troubadour qui leur plaît.

— Ami majordome, répondit le voyageur, je
me reconnais indigne d'une telle faveur, car je
ne sais qu'une chanson... une belle chanson dont
je veux t'apprendre un couplet... tu pourras,
l'ami, si cela te plaît, le chanter au dessert de
tes maîtres... Il te vaudra, à coup sûr, quelque bonne récompense dont je ne viendrai point
chercher la moitié... Écoute :

> L'on coud la croix à leurs manteaux,
> Et tous au gibet devraient être...
> Au preux la croix ! mais pour le traître,
> La hard entre deux bons poteaux !
> De Jésus-Christ suivant l'exemple,
> Quel vengeur chassera du *Temple*
> Les voleurs et les déloyaux
> Portant la croix à leurs manteaux ?

Et, après avoir chanté ce fragment d'un sirvente
du temps, le voyageur poussa son coursier en
avant et s'éloigna au pas, répondant par un
haussement d'épaules aux cris de menace dont le
majordome accueillit le refrain de sa chanson. Ces

cris furent répétés comme de raison par la vale-
taille ameutée.

Le pélerin, à ce qu'il paraît, dans son voyage
en Orient, n'avait pas entendu citer cette maxime
des sages de ce pays : Ne dites pas la vérité devant des esclaves; ils sont si peu dignes de l'entendre, qu'ils vous briseraient, quand même vous
chercheriez à la leur montrer aux dépens de ceux
qu'ils devraient le plus haïr, aux dépens de leurs
tyrans!

La route que suivait le voyageur conduisait
hors du bois, et finissait à l'une de ces landes
arides, hérissées de bruyères et de genêts,
comme on en trouve à la lisière des forêts.

C'était un terrain en pente, aboutissant à un
ravin profond dans lequel des arbres avaient
poussé en grand nombre, entrelaçant leurs branches et montant, avec leurs masses pressées,
leur entrecroisement d'épines, de ronces et de li-
serons, sur le revers d'un mamelon que le ravin
isolait de ce côté de la forêt. De l'autre côté, le
tertre s'élevait à pic au dessus de l'étroite vallée où
la Seine se promenait dans de nouvelles sinuo-
sités.

La position était belle pour asseoir un ma-

noir féodal, avec ses alentours de bruyères, de
forêts, ses longues échappées de vue sur une
solitaire vallée et sur le cours d'eau qui y promène son azur, ses murmures et sa fraîcheur.

Aux blocs de maçonnerie que l'on apercevait
de l'autre côté du ravin, aux pierres et aux bri-
ques entassées sur lesquelles l'envahissante vé-
gétation des bois avait jeté ses draperies de bou-
leau, ses manteaux de lierre et ses tapis de
mousse; on devinait que cette butte avait servi
de support à l'un de ces nids de guerre, de noblesse et d'amour, qui s'élevaient au dessus de la
demeure des autres hommes pour les protéger
ou les bénir, ou à l'un de ces aires de vautour
où veillait la tyrannie, où blasphémait la débau-
che, et d'où s'élançaient le vol, le rapt et le bri-
gandage.

Il ne restait du manoir, soit qu'il eût servi
d'asile aux suggestions de l'abîme ou aux inspi-
rations du Ciel, qu'un pavillon long et étroit
avec ses croisées cintrées, aux entourages de bri-
ques, et son toit pointu encore dominé par la
girouette taillée comme le pennon d'un chevalier
banneret. Le vent l'avait couchée de côté; le
vent remuait sur la vieille toiture les tuiles dis-

posées en écailles et toutes noires de mousse : il en manquait un grand nombre du côté de la vallée, sur le passage le plus habituel des orages et des ouragans, et l'on remarquait que la solution de continuité avait été, tant bien que mal, réparée au moyen de paille entassée, réunie et coupée comme elle l'est sur la demeure des villageois.

Ce bâtiment maigre, élancé, aux murs déchirés, aux yeux clignans, aux emblèmes féodaux et au couronnement de paille, faisait assez bien l'effet d'un pauvre orgueilleux, drapé dans ses haillons et debout sur des ruines qu'il protége et qu'il garde avec un air de menace.

L'entretien de la toiture indiquait seul que ce pavillon fût habité. Le tertre qui le supportait avec les autres débris paraissait inabordable. Le pont qui, autrefois, unissait le château à la forêt était tombé comme le reste. Quelques piliers seulement s'élevaient encore au dessus des touffes de ces arbres poussés avec tant de vigueur au fond du ravin.

L'escarpement de leurs bords d'un côté, et l'entrelacement des ronces et des arbrisseaux de l'autre, semblaient d'abord défendre ces ruines

de toute approche, mais en cherchant bien, vous
eussiez trouvé un sentier façonné en degrés inégaux, un sentier descendant jusqu'au fond de
l'ancien fossé, perçant le fourré de son taillis,
et aboutissant, en tournant, à une porte basse
et voûtée, au niveau du sol de ce labyrinthe.
Cette porte, entourée des guillochis de l'architecture saxonne dont on apercevait les dentelures, à travers les guirlandes du lierre, s'ouvrait dans les gros murs servant de base à
l'antique manoir.

C'était alors la seule entrée du château du
Launoy ; et une femme enveloppée de sa mante
brune, une femme qui s'était mise en route de
bien bonne heure, était parvenue sous le sureau
masquant cette entrée, bien avant que le chevalier avec qui nous étions tout-à-l'heure
fût arrivé, lui, à ce terme de son voyage.

Cette femme attendait là depuis quelques instans, et elle avait déjà inutilement heurté à la
porte. Impatiente, elle se baissa, ramassa une
grosse pierre tombée des murs en ruines, et
frappa encore trois grands coups qui retentirent
sourdement..... Puis elle resta là, l'oreille ap-
pliquée contre la porte, écoutant si quelque

bruit intérieur lui apprendrait qu'on l'avait en-
tendue.

Un rayon de joie éclaira ses traits.

— Ah! dit-elle, le voilà enfin qui descend.

— Est-ce toi, Jeanne? demanda-t-on de l'autre
côté de l'huis.

— Oui, oui, répondit-elle avec empressement,
ouvrez à Jeanne.... c'est elle!... Et qui voulez-
vous que ce soit? Les esprits, s'ils répondent à
vos évocations, annoncent autrement leur venue,
je pense, qu'en frappant, un quart-d'heure durant, ces vieilles planches avec cette pierre qui
m'a meurtri les mains.

La porte ouverte pendant ces derniers
mots, laissa voir, debout sur le seuil, ou pour
mieux dire, sur la dernière marche d'un
escalier tournant, l'habitant de ces lieux abandonnés.

C'était un jeune homme très-brun de teint et
de cheveux, avec de grands yeux démesurément
ouverts, et au regard un peu vague, sous des
sourcils très-prononcés; un nez joyeusement relevé, une bouche garnie de lèvres vermeilles in-

cessamment ouvertes sur deux rangées de dents
blanches et pointues, un bas de figure assez
agréable et abondamment garni d'une épaisse
et courte barbe noire, crépue comme ses cheveux, donnaient à l'ensemble de sa physionomie
un caractère prononcé de hardiesse téméraire,
de légèreté et de présomption. Pourtant, malgré le peu de consistance des pensées qui ne
font que passer dans de pareilles têtes, il y avait
de l'entêtement dans ce front étroit, bosselé et
brusquement terminé; et, à ce pli qui le sillon-
nait de haut en bas, comme un trait de foudre,
à ce redressement de tête vif et menaçant, après
un instant d'oubli et de distraction, on devinait
que là pouvait être le séjour de quelque projet
d'audace, d'orgueil ou de vengeance.

Le mouvement involontaire de sa tête, l'audacieuse joie qui, de temps en temps, élargissait
sa poitrine et ouvrait ses narines et ses lèvres, à
quelque pensée subitement venue, son air habituellement distrait, le désordre de ses habits,
prouvaient du reste qu'il vivait plus dans l'a-
venir que dans le présent. J'ai dit le désordre de
ses habits, et cependant on y remarquait une
sorte de coquetterie étudiée. Sa toque de velours

noir, quoique parsemée des peluches qui s'attachent à une coiffure de nuit, recouvrait une chevelure soigneusement entretenue. Une sorte de simarre, d'une étoffe de laine étrangère, l'enveloppait, comme une robe de chambre moderne. Tout ouverte sur le devant, elle laissait voir une partie de sa poitrine et son cou d'une blancheur autre que celle de son visage, comme si, lui aussi, eût fait une longue halte sous le soleil du midi. Une ceinture d'une étoffe dont les couleurs et les desseins étranges rappellent aussi les pays lointains, roulée sans façon autour de son corps, dessinait sa taille élancée et bien prise, et soutenait un poignard mauresque de grand prix, au manche d'ivoire ciselé. Cette arme était, du reste, avec une chaîne de chevalier dont quelques anneaux s'échappaient du débraillement de sa poitrine, la seule chose nette et brillante dans cette toilette du matin.

Un rayon de soleil, brisé par l'agitation aérienne des feuilles et des branches, éclairait cette figure penchée en avant, et la dessinait d'une manière pittoresque sur le fond sombre du souterrain.

Il restait là, immobile; pendant que son esprit faisait quelque pointe vers un but de prédilec-

tion, son corps se réjouissait machinalement sous
ce bon rayon de soleil qui le réchauffait si à propos, après une nuit d'insomnie.

— Messire, lui dit Jeanne... seigneur Nangis,
ajouta-t-elle en voyant qu'il ne répondait pas...
mon cher *fillot*, reprit-elle avec un ton de tendre
reproche , en s'apercevant que ses deux premières *interpellations* n'avaient pas tiré le solitaire de sa rêverie.

— Hé bien, Jeanne, qu'est-ce ?.. dit-il enfin
en tournant ses grands yeux vers elle.

— A la bonne heure , reprit-elle avec joie,
vous répondez toujours à ce nom-là.... Il n'y a
point de songe-creux qui tienne devant lui.

— Qu'y a-t-il, bonne mère ? répéta le jeune
homme avec une sorte de tendresse, comme
pour récompenser la vieille Jeanne de ses soins
d'autrefois et du souvenir qu'elle en gardait.

— N'entrons - nous pas ? demanda - t-elle , j'ai
dans ce panier des provisions pour vous remettre la force au corps, et j'ai sur la langue des
nouvelles pour vous remettre la vie au cœur.

Il lui fit signe de passer. Elle s'engagea dans

les degrés d'un escalier qui montait au milieu
des ténèbres. Après avoir soigneusement fermé
la porte, celui que Jeanne avait nommé Nangis
la suivit.

CHAPITRE IV.

L'ESCALIER aboutissait à l'étage inférieur du pavillon conservé. Une seule pièce, vaste et sombre, occupait tout cet étage; les poutres de son plafond élevé étaient saillantes et sculptées sur leurs bords que terminaient des pendatifs grotesques et grimaçans. La fumée, que le vent avait rejetée maintes fois du gouffre de la cheminée à la face des anciens commensaux du logis, avait assombri ces poutres massives, entre lesquelles l'araignée hantait en paix des toiles noires de poussière et de suie. Le peu de

vitraux restés aux fenêtres hautes et étroites
étaient coloriés, et portaient encore les traces des
armoiries et les fragmens de la noble devise qui
avait présidé aux travaux passés de cette maison
détruite : une hermine gravissant un lieu escarpé
avec ces mots : *Tâche sans tache !*

Les ouvertures faites par le brisement des
vitres étaient, tant bien que mal, remplies avec
des poignées de paille ou de foin sortant en dehors. D'autres, trop élevées pour qu'on pût y atteindre, avaient donné entrée aux lierres et aux
herbes du dehors, et leurs touffes effilées tom-
baient, ou grimpaient le long des fenêtres comme
des plantes enfermées dans une serre.

Quelques armures, avec des débris de bannières, étaient encore suspendues aux murs ; des
trophées de chasse surmontaient le manteau de
la cheminée ; et le banc de chêne, avec ses stalles
curieusement sculptées, courait autour de la
grande salle. Des siéges du même genre, mais
plus élevés, avec leurs trois ou quatre marches,
étaient percés dans la muraille autour du foyer :
c'étaient les places d'honneur. Le siége du
maître était lui-même relégué dans un coin,
avec son dossier étroit terminé par une sorte de

dais où pendait un reste de draperie et de frange.
Vous eussiez pu voir sur l'étoffe de ce dossier
l'éraillement produit par les mailles de la cotte
d'armes du vieux sire, et, sur les bras de l'antique fauteuil, les traces qu'y laissa la tête d'un
levrier favori, quand, regardant son maître,
et prenant sa part de la chaleur du foyer, il
semblait écouter ses récits de vénerie ou de
guerre.

Veneurs, écuyers, ménestrels, levriers de
chasse au collier d'or, et faucons bien chape-
ronnés, ne hantent plus ces lieux désolés. Les
siéges d'honneur sont vides, vides aussi les siéges
destinés aux varlets, vavasseurs et vassaux. Il
n'y a de feu au foyer que ce qu'il en faut pour
échauffer le fourneau du grand-œuvre, et sa
lueur, avant de réveiller quelque reflet dans ces
trophées d'armes, témoins poudreux d'une gloire
qui n'est plus, fait briller des instrumens plus
pacifiques, mais qui aident, comme l'ont fait les
autres, à poursuivre une chimère. Ces instrumens sont tout l'attirail que les sciences hermé-
tiques, cultivées avec tant d'entêtement par les
Maures d'Espagne, plaçaient déjà dans la retraite
du savant perdu dans leur étude mystérieuse.

5.

Une table couverte de fioles, de cornues et de quelques rouleaux de parchemins aux figures cabalistiques, était placée dans un coin de la salle immense, et indiquait le lieu de retraite choisi par le solitaire dans ce vaste désert. Il y avait repris sa place accoutumée, et, la tête appuyée sur ses deux mains, il continuait sa lecture ou donnait un nouveau cours à ses réflexions. Pendant ce temps-là, Jeanne rangeait tout autour de lui, secouant impitoyablement telle bouteille dont la liqueur ne devait opérer que dans son immobilité, repoussant loin des figures astronomiques le compas ou l'astrolabe arrêtés pour mesurer leur conjonction, et rejetant, comme un brin de foin inutile, la plante cherchée avec tant de soin dans les halliers, et desséchée dans la décroissance de la lune.

Le remuement de ses papiers, de ses fioles et de ses plantes, fit sur le solitaire l'effet du bourdonnement et des taquineries d'une mouche acharnée autour d'un moine en prières, qui se tient à quatre pour ne pas se mettre en colère; à la fin, il ne put réprimer un mouvement d'impatience contre l'arrangeuse, et, s'en repentant tout aussitôt, il repoussa brusquement le gros bouquin qu'il lisait, ou qu'il faisait semblant de lire.

— Le diable rouge, s'écria-t-il; emporte ce grimoire indéchiffrable qui me fait rudoyer ainsi le seul être dont le cœur s'intéresse encore à moi ici-bas!

Jeanne prit la main qu'il lui tendit, et l'approcha de ses lèvres.

— Pauvre enfant! comme il a froid! dit-elle en réchauffant de son haleine les doigts engourdis du savant. Y a-t-il de la raison, continua-t-elle, à rester ainsi sans feu dans ce taudis ouvert aux quatre vents?... Mais patience, Nangis, il y a là de quoi vous réchauffer!

Et elle indiqua au jeune homme un pot plein de lait qui chauffait devant un feu de broussailles allumé par elle.

— Ma nourrice... toujours mon excellente nourrice, dit Nangis en la regardant avec reconnaissance.

— Oui, reprit-elle, toujours. Croyez-vous, dites, mon gentil seigneur, qu'il ne nous reste pas au cœur, à nous autres pauvres femmes qui avons nourri l'enfant d'une grande dame, un amer et doux souvenir de ce cher petit étranger qu'on nous a remis un jour en nous disant :

Aime-le, soigne-le comme s'il était ton fils... Et
l'amour, voyez-vous, vient vite à nous qui nous
attendrissons de ses faiblesses, de ses cris, qui
tressaillons à sa première caresse... Et puis, la
vanité!—pour être nourrices, nous n'en sommes
pas moins filles d'Ève. — On vante partout la
beauté du nourrisson, et nous faisons sécher d'envie les autres femmes, en le promenant dans ses
beaux atours, une couronne d'or sur la tête, et
sous sa guimpe brodée de fleurs et d'armoiries.
C'est que vous étiez si beau dans votre sommeil...
plus beau encore quand vous me tendiez vos petits bras! Moi, mère d'une pauvre et chétive
créature qui n'a pu réussir qu'à devenir une
naine de grande maison, je restais plus souvent en
contemplation, — que Dieu me le pardonne ! —
devant votre berceau que devant le sien ; je tres-
saillais d'une orgueilleuse joie en me figurant
qu'il était à moi, ce bel enfant qui serait un jour
un puissant chevalier... Puis, songeant aux
coups de dague et d'épée qui vous arrivent si
souvent à vous autres gentilshommes, malgré
l'écu et le haubergeon, je me prenais à pleurer
et à baiser vos membres délicats, comme si les
lèvres d'une pauvre nourrice eussent pu y appli-

quer un de ces charmes qui préservent des esta-
filades dans les batailles et tournois! Puis vient le
temps où l'on nous ôte l'enfant qui nous a donné
à la fois tant d'orgueil, de joie et d'inquiétude!
Alors, nous pleurons dans le jour, à la place du
berceau que l'on nous a emporté avec nos amours;
nous pleurons dans la nuit, parce qu'en nous
réveillant, nous n'entendons pas le cri du petit
qui n'est plus là! On nous le laisse bien voir encore
quelquefois...mais, pitié! on compte nos caresses,
on nous dit de le baiser plus doucement, de peur
de ternir ses joues, ou de mettre le désordre dans
l'arrangement de ses cheveux; et bientôt nous
n'osons plus aller lui porter ces caresses; car
nous craignons de le voir un jour s'étonner de
notre venue, et rougir de honte en se sentant em-
brassé par la pauvre femme du vassal.

— Mais, bonne Jeanne, dit Nangis, il n'en
fut point ainsi pour toi!

— Non, répondit-elle, et votre mère fut pour
moi une généreuse dame... je restai au château
après vous avoir nourri... j'y restai bien long-
temps... j'y étais encore lorsque l'incendie dé-
vora cette noble demeure!

Elle tomba dans une profonde rêverie.

— Hé bien! Jeanne, reprit Nangis, puisque tu es restée ici, toi, tout le temps que je passai hors de France, auprès des parens de ma mère, de ma mère issue de la race de ces antiques Goths si long-temps maîtres de l'Espagne, dis-moi ce qui se passa dans mon absence, et comble, par un récit sincère, l'intervalle qui sépare les deux souvenirs les plus importans de ma vie. De ces souvenirs, le premier, Jeanne, est celui d'un départ mystérieux, imprévu, avec mon père, avec un seul écuyer qui me tenait devant lui, tout petit enfant, sur la selle de son grand pale-froi... Tout le monde pleurait... Ma mère... — Elle était belle, ma mère! — Je la vois encore, dans ses voiles blancs, la joue collée aux étriers de mon père, étreignant le poitrail de son cour-sier de ses bras plus blancs que l'écume blan-che dont l'animal impatient les couvrait en se-couant sa tête. Le chevalier, qui cachait ses lar-mes sous sa visière, ne répondait rien aux do-léances de son épouse; il lui montrait seulement la croix qui s'élevait dans la cour du château... Ces deux figures... celle de mon frère qui, plus grand que moi, se débat entre les mains qui le re-tiennent et veut partir avec nous... un vieux chien

hurlant dans la cour... le pont retentissant sous
les pas de nos chevaux; l'air du matin qui me
souffle au visage, la joie de me sentir à cheval
et de voir devant moi des forêts, des collines, que
je vais dépasser pour en trouver d'autres à dépasser encore... voilà les impressions qui me
sont restées, et qui accompagnent cet événement.
Le second souvenir, Jeanne, oh! il est plus précis... c'est celui du retour... c'est mon affliction
profonde à l'aspect de ces ruines, c'est mon désespoir en retrouvant sur ce lit mon père déjà
perdu dans le délire de l'agonie. — Pauvre noble
vieillard! on eût dit qu'il attendait un de ses fils
pour lui fermer les yeux. Il reprit un reste de
raison, quand il sentit mes pleurs couler sur sa
face amaigrie... il se retourna de mon côté.

— Sois le bien-venu, Gauthier, dit-il.

Il me prenait pour mon frère.

— Non pas Gauthier, mais bien Nangis,
mon père, répondis-je.

— Hé bien, reprit-il en faisant un effort pour
se mettre sur son séant; l'as-tu trouvée, mon
brave Gauthier? la ramènes-tu... Ah! oui, la
voilà... continua-t-il, et un frisson courut par
tous ses membres.

Il parla comme si une femme se fût tenue debout devant lui, une femme dont il avait bien à se plaindre sans doute, car il ne prononça que les mots de pitié et de pardon.

Et il mourut; et je restai, moi, et me voilà avec ces deux souvenirs, le départ et le retour, sans que personne, je le répète, puisse remplir la lacune qui les sépare... O Jeanne, si tu voulais....?

— Quoi! s'écria-t-elle avec une sorte d'impatience et d'humeur, ne vous ai-je pas dit tout ce que j'avais à vous dire? Après une longue absence, votre noble père est revenu : voilà tout...

Oh! ce fut un retour dignement fêté, et le feu de joie que l'on alluma le soir même, pour célébrer la réunion du vieux mari et de la jeune femme, fut aperçu de toute la contrée; car il s'éleva aussi haut que la plus haute des tours du manoir, et il dura jusqu'à ce que toutes fussent tombées. Votre mère resta ensevelie, dit-on, sous leurs débris fumans, avec le secret de votre fortune.

Après l'incendie de son manoir, la disparition de sa femme, épuisé par l'âge, les fatigues et les chagrins, le vieux sire se retira dans cette partie

du château , la seule qui eût échappé à l'incendie. C'est là que demeurèrent long-temps votre
père, votre frère Gauthier, et Berthold, l'é-
cuyer.

Des années se passèrent sans qu'on enten-
dît parler d'eux autrement que quand un pâtre
disait : J'ai rencontré hier le jeune sire du Launoy chassant sur la bruyère de Pierre-Brune...
il est bien pâle, et son chien est bien maigre! Ou
quand une fileuse racontait qu'en gardant sa
chèvre, elle avait vu de loin le vieux châtelain
debout et immobile sur les ruines de son château.

Puis voilà qu'un jour, on vit descendre de la
colline un cercueil s'en allant au cimetière, escorté d'un vieillard qui pleurait...On dit que c'était
Berthold qui était trépassé, et, comme on s'éton-
nait de n'avoir pas vu son jeune maître à la suite,
il fut dit par quelques uns bien informés qu'il
avait pris la croix et était parti pour la Terre-
Sainte.

— C'est bien, Jeanne, reprit Nangis; mais tu
ne me dis pas de quelles mains venaient les secours qui soutinrent le pauvre vieillard jusqu'à
son dernier jour : quand je le retrouvai , il ne
manquait de rien.

— Apparemment, répondit-elle, qu'il avait rapporté de l'argent de son voyage; peut-être quelque débiteur, peut-être quelque obligé de votre famille, Nangis, a cherché à s'acquitter, en pourvoyant à ses besoins, sans se faire connaître.

— Je le croirais ainsi volontiers, continua le jeune homme en regardant fixement Jeanne; mais toi-même, ma bonne nourrice, qui t'amenait dans ces ruines, quand tu m'y trouvas auprès de mon père expirant?

— J'avais rêvé la nuit que vous étiez revenu, répondit-elle sans hésitation, et je voulais voir si mon rêve s'était réalisé.

—Mais tu sais toutes les issues qui conduisent ici; n'y a-t-il pas même des passages inconnus à tout autre qu'à toi? des passages qui te permettaient de venir rôder dans ces lieux déserts, comme ces dragons au service des fées, veillant sur les trésors enfouis.

— Pour les rendre à leur digne et véritable possesseur, je suppose, reprit-elle vivement. Quant à moi, mon gentil seigneur, quel que soit le motif qui m'ait ramenée dans ce logis, êtes-vous donc fâché que je vous y aie retrouvé?

— Non, certes, car c'est à toi, Jeanne, que
je dois les moyens de vivre dans ces lieux, témoins des infortunes de notre maison. Grace
à toi et aux avances que tu m'as faites, j'ai pu
cacher dans ces ruines le moyen, le seul moyen
de les relever, et de faire sortir de cet amas de
décombres le château du Laúnoy, plus beau,
plus jeune, plus puissant qu'il n'a jamais été.

Et il regarda son fourneau, puis ses bouquins,
en pensant à autre chose, peut-être.

— Sans compter, dit Jeanne, les visites que
j'ai procurées à votre seigneurie... Vive Dieu! si
j'étais, comme vous, un jeune et gentil cavalier,
je ferais sortir le rétablissement de ma fortune
de cette connaissance que je vous ai procurée
avec tant de peine... Croyez-moi, Messire, vous
l'y trouveriez, cette fortune, plus sûrement que
dans ces fioles et dans tout ce grimoire!

— Bah! fit-il avec une sorte de dédain, deux
femmes qui, dans leur ennui d'épouses délaissées
et de grandes dames confinées à la campagne,
se hasardent à venir me trouver avec l'espoir
que je les amuserai par quelque tour de jongleur
ou quelque conte de ménestrel.

— Mais elles y viennent enfin... et, pour venir,

elles échappent à la surveillance de leur entourage, et, pour venir, elles s'enveloppent de mystère et courent risque d'être soupçonnées de mal. La curiosité, le mystère, l'émotion du péril, l'amour du merveilleux... Ah! vous croyez que ces femmes ne sont pas toutes vôtres?... Nangis, Nangis, vous pouvez savoir ce qui se passe au fond de ce fourneau que vous regardez avec tant de distraction, sans m'écouter; mais vous ignorez, certes, ce qui se remue dans le cœur de ces femmes et la puissance que vous pouvez exercer sur elles.

— Et je n'en abuserai pas, dit-il.

— Usez-en seulement, reprit la tentatrice. Enfant que vous êtes, allez, vous perdez une belle occasion de monter à la fortune, si vous refusez de mettre le pied sur les échelons que je vous ai préparés!

— Degrés peu solides, Jeanne, et qui se briseraient sous mes pieds pour me laisser choir dans l'abîme.

— Nangis, Nangis, reprit la vieille, on ne tombe pas dans l'abîme quand on s'accroche à un manteau royal, et royal est le manteau où se cachent celles qui, l'un de ces soirs, viendront encore vous visiter!

— Le manteau royal, à la bonne heure!... l'on peut s'y cramponner si bien, qu'il faille en-suite emporter la pièce pour vous l'ôter des mains, et, alors, on y regarde à deux fois; mais les jupes de femmes écervelées!..... mauvais moyen, Jeanne, pour se retenir dans une chute! Elles les secouent si bien, que vous tombez à terre tout d'abord comme une chenille mal avisée qui se serait faufilée sur le satin et le velours... heu-reux encore quand leur pied, leur pied lui-même, n'est pas le premier à se lever pour vous écraser!

— Vous n'y entendez rien, reprit la femme. Belle science, vraiment, que celle qui ne vous apprend pas le moyen d'enchaîner si bien ce pied, qu'il ne se lève que pour aller où vous voulez!...

Il ne répondit rien, et leva les épaules avec un air d'insouciance.

— Dites-moi seulement, beau sire, ajouta-t-elle après un moment de silence, si, parmi tous vos secrets, vous connaissez le moyen de dé-couvrir ce qu'une belle dame peut perdre, le soir,

sur un bateau, en jouant avec les roseaux qu'elle
attire vers elle?

— Je saurai tout, répondit-il en prenant son
soufflet, et en se rapprochant du fourneau, quand
l'œuvre qui donne toute richesse, toute puissance
et tout contentement, s'élancera de ces cendres,
comme le phénix de son bûcher, et illuminera
ces lieux déserts de sa clarté vivifiante et in-
nommée. Alors, Jeanne, alors j'aurai de l'or autant que j'en voudrai, et avec de l'or on paie des
espions qui ne vous laissent rien ignorer.

— Oui, et en attendant ce moment il faut
savoir gré aux amis qui, pour s'attirer un mot
gracieux de vous, Nangis, rien qu'un mot gracieux, regardent, écoutent, et vous viennent dire
ce qu'ils ont entendu et vu!

— Et qu'as-tu vu, Jeanne?

— Cette bague, répondit-elle, cette bague qu'il
faut donner à celle qui vous demandera ce qu'elle
a perdu dans sa promenade en bateau. Et, pour la
bien surprendre, vous lui direz : Les bouleaux
seront blancs sur la bruyère de Naufle, dans la
dixième nuit du mois d'Adar! Si, après que ces
mots auront été dits, cette femme ne vous déclare
pas l'homme le plus habile de tous les pays de

màgie et de sapience, et qu'elle refuse ensuite de vous croire aveuglément, je n'y entends plus rien, et je vous permets de me traiter d'oison bridé. Mais ce n'est pas tout encore... hier, un homme, un jeune homme, moitié chevalier, moitié pélerin, un homme vêtu de mailles de fer, portant la croix...

— On frappe en bas, dit Nangis en interrompant Jeanne.

— Qui est-ce donc? dit-elle avec inquiétude et en baissant la voix; qui peut venir heurter à cette porte cachée dans les broussailles du fossé?

— Quelqu'un qui connaît apparemment cette entrée... Allons voir quel est ce visiteur inattendu?

Il se leva et descendit seul l'escalier conduisant à la porte d'en bas.

Jeanne, restée en haut sur la première marche, alongea sa tête, tendant l'oreille pour recueillir les paroles qui allaient se prononcer en bas.

D'abord le bruit du verrou qu'on tire arrive jusqu'à elle, puis un cri de surprise, puis ce mot : Mon frère ! puis ces autres mots entrecou-

pés par l'étreinte et l'effusion d'un embrasse-
ment fraternel :

— Nangis ! c'est toi !

— C'est toi, Gauthier !

— Gauthier ! s'écria Jeanne en se rejetant
en arrière, c'est Gauthier ! Je ne m'étonne plus
si le voyageur qu'hier j'ai conduit dans le bac
paraissait si bien informé de ce qui s'est passé
ici... Ils montent... Je ne me sens pas la force
de les attendre et d'affronter les regards de colère et de mépris que l'un des frères me jette-
rait... Fuyons !

Elle s'enfonça dans les ruines, sûre de trouver une autre issue pour en sortir.

LIVRE DEUXIÈME.

LE RÉCIT DU CROISÉ.

CHAPITRE I.

Le soir étant venu, les deux frères, après un
frugal repas, avaient rapproché leurs siéges de
la vaste cheminée au fond de laquelle pétillaient
quelques minces broussailles ramassées sur les
terres incultes qui entouraient le vieux château.
Nangis, étendu avec nonchalance dans le grand
fauteuil où son père siégeait autrefois, Nangis,
les jambes alongées et posées l'une sur l'autre,
les bras croisés sur la poitrine, la tête inclinée en
avant, le regard baissé vers la terre, abandonnait
déjà en idée et son frère et sa pauvreté présente

pour s'élancer dans les merveilleuses régions
que la science lui promettait et dont son imagination lui offrait incessamment les trésors futurs.

Gauthier, assis près de lui sur un escabeau, le coude posé sur un de ses genoux, et le
menton dans la paume de la main, parcourait
d'un morne regard cette salle témoin de tant
de scènes d'un souvenir triste ou attendrissant.

Le jour tombant laissait prendre aux objets ces formes indécises qui se prêtent aux
mille caprices de l'imagination. Alors les lueurs
soudaines du foyer arrivaient à temps pour
faire voir à Nangis que cette masse aux con-
tours bizarres n'est pas un gnome accroupi
près de l'âtre, un gnome à la tête monstrueuse,
aux yeux et à la bouche rouges de métal en fu-
sion, mais bien son fourneau continuant à brûler. Quant à Gauthier qui, dans les soupirs du
vent glissant son souffle sur les trophées des
vieux murs, a cru entendre cliqueter l'armure de quelque fantôme armé, il avait aussi
besoin de ces clartés qui se réveillent, pour se
persuader qu'un tiers mystérieux n'est pas
venu s'asseoir entre lui et Nangis.

Les deux frères restèrent long-temps en si-

lence; leurs esprits suivaient chacun sa route :
l'un s'enfonçant dans un avenir de gloire, de
richesse, de vie et d'amour; l'autre reculant
dans un passé triste, froid, décevant.

Enfin Gauthier rompant le premier le silence :

— Nangis, mon frère, dit-il, vous m'avez
demandé de recueillir pour vous les souvenirs
de ma triste jeunesse; vous désirez que je vous
dise quels événemens ont amené la ruine de notre antique maison et la mort de son noble chef.
C'est une tâche pénible, car ces souvenirs, en
faisant de nouveau saigner toutes les plaies de
mon cœur, iront éveiller bien des cordes qui
n'ont point encore vibré dans le vôtre; mais,
Nangis, mon ami, il vous faut apprendre que le
malheur est la condition de l'homme, et que tout
ce qui semble lui promettre le bonheur, sur cette
terre, n'est qu'une chimère qui l'égare ou un
piége du malin esprit. Abandonnez donc pour
un instant vos songes dorés, et écoutez-moi !

Ils rapprochèrent encore leurs siéges, et, à la
mourante clarté du foyer, Gauthier commença
son récit :

— J'étais encore bien enfant et vous l'étiez
plus encore que moi, Nangis, lorsque notre père

se vit impliqué d'une façon assez grave dans l'affaire de Pierre de la Brosse, affaire tragique, mon frère, débat sanglant élevé entre une reine et son vassal, et dont le résultat devait être la preuve pour le feu roi que sa femme était l'assassin de son fils, ou que son favori était le calomniateur de sa femme. Audace sans exemple, ou sacrifice héroïque à la vérité! S'attaquer, homme de néant, à une reine que sa jeunesse, sa beauté et l'amour de son époux, rendaient toute puissante!..... et, pour contrepoids à toutes ces choses, pour contrepoids à une couronne, jeter dans l'autre plateau de la balance le souvenir de quelques services rendus, l'amitié d'un roi et une trousse de barbier!...

C'était une grande pitié! Il devait succomber : il succomba. Le nom de notre père fut mêlé d'une manière étrange à la réponse d'une prophétesse que l'on envoya consulter à Nivelle; or, vous saurez que parmi ces envoyés se trouvait l'ennemi le plus acharné de mon père, le templier Arnould de Vismale.

Frère, ajouta Gauthier après un instant de silence, connais-tu la commanderie de Templeville?

Elle est voisine d'ici, et, quand le vent souffle du côté de la forêt, l'on entend des créneaux du château le son de son beffroi dont le seul usage est de mentir bien haut, en parlant de prière aux lieux où règnent la licence et l'esprit de vengeance et de meurtre. C'est de là, mon frère, que partirent tous les coups qui ont frappé au cœur notre antique maison.

Arnould de Vismale, commandeur de Templeville, voisin ambitieux et avide, chercha d'abord par tous les moyens à faire de notre père un affilié humble et soumis de son ordre puissant. Il avait jeté un œil de convoitise sur notre patrimoine, et il eût voulu que le châtelain du Launoy se déclarât le tenancier de la maison du Temple. Il trouva dans mon père l'inébranlable volonté de conserver son franc-aleu.

— Je tiens terre de Dieu seulement, disait le châtelain, et ne dois cens, rente, ni relief, ni autre redevance à vie ni à mort. C'est à d'autres qu'au fils de mon père, ajoutait-il fièrement, qu'il faut proposer de venir tête nue, sans épée, sans éperons, se mettre à genoux devant un moine dissolu, et de lui dire : Je deviens votre homme dès ce jour, de vie, de membres et de terrestre

honneur. Moi!.. devant notre seigneur le roi,
c'est à peine si je le ferais!...

Arnould de Vismale jura la ruine du simple
gentilhomme qui osait lutter contre sa puissance.
Bientôt la mésaventure de Pierre de la Brosse, le
rôle que mon père joua dans cette affaire, mirent
le templier à même d'exécuter ses projets de vengeance. Il était de ces gens qui font tourner les
événemens les plus tristes à leur profit : la découverte d'un complot contre l'État les met en joie,
non qu'ils tiennent beaucoup à la prospérité et à la
vie de son chef; mais point de complot sans com-
ploteurs, et une liste de conjurés à punir est toujours assez grande, pour qu'ils puissent y glisser le
nom de l'ennemi dont ils veulent se débar-
rasser.

C'est ce que fit le commandeur de Templeville.
Or, mon père apprit qu'accusé d'avoir trempé
dans les exactions, complots et félonies du favori disgracié, il devait être arrêté sous peu de
jours. La puissance de ses calomniateurs l'ef-
fraya, et, remettant les preuves de son innocence
à un temps meilleur, il partit et vous emmena
avec lui. Moi, il me laissa à notre mère, pensant
que je pourrais, dans quelques années, si le Ciel

prolongeait jusque-là son exil, lui servir de protecteur et d'appui.

J'avais alors dix ans, vous n'en aviez que huit. Vous souvient-il, mon frère, comme jusque-là notre enfance s'était écoulée paisible et heureuse? Oh! combien les douces caresses de notre mère, la tendre sévérité de notre père et nos jeux d'enfans si bruyans et si joyeux sont venus souvent se réfléchir dans ma mémoire! Ils y ont fait de cette époque de ma vie une vie à part, tant les jours y étaient resplendissans d'amour et de joie. Oh! comme la nature était calme et embaumée, comme le ciel était radieux, comme nous aspirions l'air avec délices, lorsque, dans nos promenades, nous apercevions de loin la blanche haquenée de notre mère qui s'en venait de la chasse où elle avait suivi son époux, où de la prière à l'ermitage prochain. Comme elle souriait, la bonne mère, en nous voyant accourir! comme elle était douce sa main qui essuyait alors nos fronts baignés de sueur!... quels doux baisers pour les sécher! Et puis, nous repartions plus légers et plus joyeux encore, car le cor de notre père sonnait toujours dans le bois, car nous voulions être les premiers à connaître le résultat de la chasse; et c'était à qui de nous deux se chargerait de la patte de sanglier ou de chevreuil que l'on devrait présenter, au retour, à la châteleine.

Et, dans les longs soirs de novembre, tandis que notre mère ouvrageait au coin du feu brillant qui pétillait dans l'âtre, vous souvient-il, Nangis, des merveilleuses histoires que nous racontait notre père? et de ces nains errant dans les bois à la recherche du chevalier seul capable de forcer la porte du château où gémit une belle princesse, et des enchanteurs qui apparaissent, sous les chênes, avec leur couronne de guy et leur livre d'or, et de ces fées qui pleurent près des fontaines, parce qu'elles aiment d'amour un page qui les dédaigne, un beau page dont le cœur s'est donné autre part... O mon frère! qu'il faisait bon s'endormir, côte à côte, après ces belles histoires, aux pieux refrains des cantiques de notre mère! Alors l'ange qui veille près du lit des petits enfans abaissait plus doucement ses ailes blanches sur nos fronts; alors, plus gracieux étaient les songes que ces ailes secouaient sur nous!

Pardonnez-moi, mon frère, de m'appesantir ainsi sur cette période de notre existence; les souvenirs nous en sont communs; mais, pour vous, les plaisirs et les illusions de l'enfance ont été remplacés par d'autres illusions, par de plus vifs plaisirs, peut-être; tandis que moi, qui ne vois plus dans le présent que désenchantement et tristesse, dans l'avenir que de longues et tristes journées sans joie, sans espoir et sans but, j'ai besoin, pour croire que le bonheur n'est pas un mot vide de sens, de redevenir enfant par mes souvenirs.

Elle dura long-temps, la douleur de ma mère, après qu'elle eut vu s'éloigner son époux; tristes étaient nos journées lorsqu'elle errait, me tenant par la main, dans les longues salles du château où ne retentissaient plus, comme autrefois, les cris des hommes-d'armes, les bénédictions des pélerins et les *vivat* des chevaliers admis à notre table. Pourtant la solitude, la douleur et l'ennui, fatiguèrent bientôt une jeune femme dont le cœur était bon, mais dont la tête était légère. L'on n'entendait plus parler des poursuites à exercer contre l'époux absent... Qui sait même, mon frère, si cette nouvelle, dont on l'avait effrayé, avait quelque fondement, et si nos ennemis ne s'en étaient pas servis, pour éloigner de la

jeune châtelaine un véritable appui et la force la
plus capable de la faire résister aux séductions
que l'enfer allait déchaîner contre elle?...

Le manoir fut de nouveau ouvert aux voyageurs; et, gentilshommes, écuyers, pélerins, furent admis comme autrefois à l'honneur de contempler la châtelaine. Les parasites et les flatteurs
revinrent... Ève fut perdue, mon frère, quand
la flatterie se glissa dans le jardin du Paradis!

Le commandeur de Templeville, Arnould de
Vismale lui-même, ne fut pas le dernier à se présenter au château. Il venait, dit-il, la première
fois qu'il fut admis en présence de ma mère, lui
offrir les secours et offices qu'on se doit entre
voisins. Il voulait lui prouver l'injustice des soupçons de son époux. Il mettait à sa disposition le
crédit de son ordre, le sien propre, pour dissiper
les nuages élevés, par un rapport sans doute men-
songer, sur la fidélité du sire Guy. Il se félici-
tait, disait-il encore, que l'absence de cet injuste
voisin lui permît de travailler au rétablissement
de sa maison ébranlée par cette accusation... Il
serait heureux d'être l'auteur de son rappel. Il
ne demandait pour prix de ses efforts que de
voir le châtelain du Launoy revenir de ses pré-

ventions et lui tendre une main amie... enfin, il
ajoutait, avec le sourire du tentateur, que l'art
de concilier, comme l'art de plaire, appartenant
à la beauté, ma mère, plus qu'aucune autre
femme, devait posséder ce double talent, et que
ce serait elle qui opérerait ce rapprochement si
désiré, entre la maison du Temple et le château
du Launoy.

Ma mère fut sensible à cette démarche de
l'homme que son époux lui avait toujours peint
sous les couleurs les plus défavorables; et, loin
de rejeter ses offres et ses promesses mensongères, elle accueillit ses visites... ses visites, mon
frère, et celles des chevaliers de sa commanderie!
O Nangis! ce premier oubli des ressentimens et
des recommandations de notre père froissa cruellement mon cœur! Que la présence de ces hôtes
nouveaux autour du foyer paternel du foyer
qui, si souvent, avait entendu des malédictions
contre eux, me semblait sacrilége!.

O mon frère! qu'ils me déplaisaient ces
hommes! Mon enfance, faible et rêveuse, s'indi-
gnait déjà du triomphe de la force brutale; je
sentais déjà dans ma tête qu'il y avait des idées
qui deviendraient plus puissantes que leurs mas-

ses d'armes, plus perçantes que leurs dagues; et je m'indignais de voir tout cela étouffé, ou retardé sous leur étreinte de fer. La croix, sur leur épaule, me répugnait comme un blasphême. Sans me l'expliquer, je sentais le contraste qui existait entre ce symbole du triomphe de l'esprit sur le corps et ces armures qui n'aident qu'aux triomphes matériels! Je m'indignais à cet aspect, comme si j'eusse compris que c'était détruire le dernier recours, le dernier espoir du génie et de la vertu contre la force brutale, que de faire de ce signe qui proteste contre elle, du haut du ciel, la parure et le ralliement de soldats dissolus.

Et pourtant, ceux qui venaient en la compagnie d'Arnould, ne portaient pas tous la croix du Temple. Il y en avait un que l'on distinguait au milieu d'eux, moins à l'absence du manteau blanc qu'à sa bonne mine et à sa taille avantageuse. On le citait déjà comme la meilleure épée de ce pays, si riche en vaillans et en forts. Neveu d'Arnould de Vismale, il avait jusqu'alors résisté aux instances de celui-ci, pour lui faire prendre l'habit du Temple, le commandeur ne doutant pas que sa bravoure ne l'élevât aux premières dignités de cet ordre tout puissant.

Lui ne semblait pas préoccupé d'idées d'ambition et de pouvoir : il était habituellement triste
et rêveur; souvent, lorsque les Templiers par-
laient devant lui de leurs hauts faits et de leurs
passe-d'armes, il se taisait, et, pendant bien long-
temps, il paraissait absorbé par une seule idée.
Moi qui observais tout avec le coup d'œil curieux
et inquiet d'un enfant qui devine le mal sans
le comprendre, je le voyais parfois interrompre
ses longues méditations pour lever les yeux vers
ma mère. Alors sa figure sombre s'éclaircissait,
un feu singulier brillait dans ses regards, et, si
delà ils se reportaient sur le portrait de mon
père ou sur moi, naïf enfant qui étais venu
m'appuyer contre ma mère et qui le regardais
avec une curiosité mêlée de crainte et d'inquiétude, alors il tressaillait; des pleurs hu-
mectaient sa paupière, et souvent il sortait aussitôt, pour ne revenir que le lendemain, toujours
conduit par le commandeur.

Au milieu des plaisirs que ramenait leur présence, au milieu des chants des ménestrels, des
tours plaisans des jongleurs, combien je re-
grettais les veillées solitaires où ma mère m'en-
tretenait de son époux et de son fils absens, et,

reportant sur moi toute la tendresse qui rem-
plissait son ame, inventait pour son cher Gauthier des noms, des jeux, des caresses, et m'en-
dormait doucement sur ses genoux. A présent,
disait-on, j'étais trop grand pour de tels passe-
temps!... et pourtant alors je n'avais que douze
ans. A cet âge où le cœur se remplit d'une naïve
tendresse, où l'ame éprouve une ardente soif
d'amour, qu'il est cruel, mon frère, de se sentir isolé dans le monde et de n'obtenir plus que
de rares et faibles témoignages d'une affection
que l'on possédait tout entière !

Aussi, quels puissans instincts de haine s'é-
veillaient dans mon cœur, chaque fois que je
voyais revenir ces hommes, ces hommes que,
sans savoir pourquoi, j'accusais de m'avoir ôté
l'amour de ma mère ! La vue d'Arnould et de ce
neveu qui l'accompagnait sans cesse me jetait
dans une sorte de fureur. Alors je sentais battre mes tempes comme si ma tête eût été serrée
dans un bandeau de fer rougi.

Si le bruit du cor annonçant leur arrivée, si
le bruit de leurs coursiers sur les madriers du
pont-levis, parvenaient jusqu'à moi et troublaient
quelque conversation où j'avais cru retrouver ma

mère, oh! alors, je devenais insensé!... je m'é-
loignais d'elle brusquement; puis, d'un bond,
franchissant les degrés du perron, les ponts et
les fossés, je m'élançais loin, bien loin dans les
jardins du château, jusqu'à ce que je n'enten-
disse plus rien de leurs coupables réunions,
jusqu'à ce que je tombasse épuisé, haletant de
sueur et de fatigue.

Alors j'appelais mon père, mon bon, mon
pauvre père, mon père, dont le nom n'était plus
prononcé sous les voûtes de son manoir, mon
père oublié, méprisé et trahi. Oh! oui, Nangis,
trahi! et je sentais la trahison avec mon ame
d'enfant si pure et si vraie, je la lisais dans les
regards de convoitise et d'envie que l'œil avide
du templier lançait sur les domaines de mon
père, dans les regards ardens et passionnés que
jetait sur notre bien le plus cher cet autre
homme à qui se vouait le plus fort de ma haine;
je la lisais surtout dans la honte et dans la rougeur du front soucieux de la châtelaine.

Après ces courses délirantes, quand je m'é-
tendais sur la terre, quand je cachais ma tête
dans les bruyères, à la lisière des bois, restant là,
triste et immobile, durant une longue soirée

d'été, n'ai-je pas entendu parfois des pas légers
fouler le sol sur lequel reposait mon front, puis
le frôlement d'une étoffe le long des halliers,
puis des chuchotemens mystérieux... parfois
aussi des pleurs... Oh! c'étaient les pleurs de ma
mère!... Alors, le cou tendu et l'oreille aux aguets,
je cherchais à saisir quelques paroles plus dis-
tinctes; mais l'agitation de mon sang, son
bouillonnement dans mes oreilles, bien plus que
les murmures du vent dans les arbres de la forêt, m'empêchaient de saisir le sens de ces mots,
le motif de ces plaintes dont les accens me tor-
turaient l'ame. Incapable de soutenir plus long-
temps ce supplice, je me relevais et m'enfuyais
encore, dévorant avidement l'espace, et demandant ardemment à Dieu un autre monde, une autre terre, où ma mère ne vînt pas soupirer et gé-
mir dans la compagnie de cet homme odieux
attaché sans cesse à ses pas.

CHAPITRE II.

En m'enfonçant ainsi bien loin dans la forêt
déserte, j'arrivai un soir à la porte d'un petit·
ermitage appuyé contre le roc, construit au
milieu de ses éboulemens bizarres et désordon-
nés, et élevant avec sécurité, du sein de ces ruines naturelles, son petit clocher et sa croix,
comme une pensée de Dieu dominant le chaos.
Une étroite lucarne laissait poindre dans l'ombre
une clarté bien faible, et la petite cloche suspendue au haut de la modeste masure sonnait
en ce moment, pour rappeler la céleste patrie au

voyageur qui passe et cherche un abri pour la nuit.

Je me rappelai alors l'ermite des Quatre-Chênes dont mon père nous avait vanté souventes fois la haute science et la sublime dévotion. Il habite, on ne sait depuis quand, la partie de la forêt la plus inculte et la plus sauvage, nous disait alors le seigneur du Launoy; il doit être bien vieux si l'on mesure son âge d'après son expérience, ses connaissances profondes, et les événemens passés qu'il raconte aussi bien que s'il en avait été le témoin; il a des prières pour tous les malheurs, des consolations pour toutes les souffrances, des conseils pour toutes les situations.

Je remerciai mon bon ange de m'avoir conduit dans un lieu aussi saint, et je poussai doucement la petite porte de la cellule. Je vis l'ermite agenouillé devant une croix de bois; il lisait à haute voix dans un grand livre : c'était la *Bible*.

Il disait avec le prophète Jérémie :

« O vous tous qui passez par le chemin, considérez et voyez s'il y a une douleur semblable à la mienne, car le Seigneur m'a traitée au jour de sa fureur comme une vigne qu'on a vendangée.

« Il m'a envoyé d'en haut un feu dans mes os, et il m'a châtiée ; il a tendu un rets à mes pieds , et il m'a fait tomber en arrière ; il m'a rendue toute désolée et tout épuisée de tristesse pendant tout le jour.

« Le joug que m'ont attiré toutes mes iniquités m'a accablée tout à coup. Le Seigneur m'a livrée à une main de laquelle je ne pourrai jamais me défaire.

« C'est pour cela que je fonds en pleurs, et que mes yeux répandent des ruisseaux de larmes , parce que celui qui devait me consoler en me redonnant la vie s'est retiré loin de moi. Mes enfans sont perdus parce que l'ennemi est devenu le plus fort. »

— O mon Dieu, mon Dieu! m'écriai-je en tombant à genoux, ne voulez-vous pas mettre bientôt un terme à une douleur aussi cruelle?

Telle fut ma prière. J'avais appliqué les paroles de la Bible à la position de ma mère, et ces lamentations me paraissaient contenir le véritable sens des gémissemens et des plaintes que je croyais avoir entendus.

Au bruit que je fis, l'ermite se releva et resta immobile de surprise en apercevant un pauvre enfant qui priait de tout son cœur, à l'entrée de sa cellule. Oh! c'est que cette élévation vers Dieu avait fait du bien à mon ame; elle en avait calmé les transports. On ne priait plus guère au château depuis le départ de mon père; au lieu de la réunion du soir, où les serviteurs, les enfans et les maîtres, unissaient leurs pensées et leurs vœux pour les envoyer ensemble vers le Ciel, ma mère maintenant allait s'enfermer seule dans son oratoire, et moi, livré aux soins grondeurs et bourrus de l'une des femmes du château, j'étais conduit par elle à la chambre triste et froide où l'on me reléguait maintenant, bien loin de celle de ma mère.

Le bon ermite accueillit ma visite avec une douce joie. Il vit que j'avais des chagrins, et cependant il ne m'en demanda pas le secret; il m'engagea seulement à revenir quelquefois goûter la paix de sa solitude. Depuis ce temps, me rappelant son bienveillant accueil, je me dérobais parfois aux pénibles sensations qui me poursuivaient au château, et j'allais passer de longues heures avec le pieux anachorète. Ce fut lui, Nangis, qui m'apprit à vivre au moyen de la lecture, avec ces grands esprits des temps passés. Que ce triomphe sur les siècles qui ne sont plus, que ce retour tout puissant de l'esprit vers les grands hommes qui ont disparu, me parurent bien préférables, bien supérieurs à ce vain orgueil qui se promet de maîtriser le temps présent, à cette vaine domination qui s'exerce sur de misérables et d'ignorans esclaves! Maîtresse du passé, la science me sembla devoir aussi s'emparer de l'avenir. Alors je vis que ces monastères s'élevant çà et là dans les bois, sur la colline ou dans les vallées désertes, avec leur silence et leur mystère, étaient autre chose que des lieux de refuge pour les hommes. Je les saluai comme le port où s'abritaient les pensées dans leur halte, et d'où elles devaient s'élancer, pour triompher de nouveau de la matière et du corps, et je n'en détestai que plus cordialement ceux qui dénaturaient le but de ces asiles providentiels.

Le malheur avait donné une grande exaltation à mes pensées; je cherchais à mettre dans leur expression toute l'énergie et toute la grace possibles. Je cherchais ensuite tous les moyens de graver cette expression dans l'esprit ou le cœur

de ceux qui l'entendraient... C'est vous dire que
je fus poète et que je tâchai d'être musicien. Je
trouvai un maître habile dans l'ermite des Quatre-
Chênes. J'ai cru souvent que c'était quelque
trouvère fameux, conduit dans la retraite par
des amours trahis, ou quelque prince, comme
Richard d'Angleterre, n'ayant conservé de sa
grandeur éclipsée qu'une harpe de ménestrel.

Ainsi dirigée vers l'étude et les arts auxquels
je me livrai alors avec passion, ma jeunesse lan-
guissante et flétrie, privée de soins, de paix et
d'amour, se rattacha par un faible lien à la vie,
et finit même par y trouver quelque charme.
Mais ce n'est pas impunément qu'on ôte à une faible
plante le soutien qui l'aidait à croître, ce n'est
pas impunément qu'on prive une jeune existence
d'activité, d'amour et de bonheur. Dans cet âge
de l'insouciance et de la joie, lorsqu'une peine
mortelle vient peser sur l'ame et en comprimer
les transports, lorsqu'un travail trop assidu ab-
sorbe la pensée et laisse le corps inactif, alors le
sang se fige et se glace comme celui d'un vieillard; alors les membres débiles, loin de prendre
l'accroissement voulu par la nature, restent im-
parfaits et chétifs; et l'esprit, replié sur lui-même

et absorbant à lui seul toute la force du corps ,
demande en vain plus tard à celui-ci l'énergie et
la force dont il a besoin pour accomplir ses vastes
desseins.

Malgré l'éloignement où je me tenais autant
que possible de ma mère et l'ignorance où je
tâchais d'être sur ce qui se passait autour d'elle,
j'appris qu'un pélerin qui n'avait fait que se montrer au château y avait apporté des nouvelles
de mon père. Je courus avec empressement près
de la dame du Launoy. Elle me conta qu'en effet
un vieillard était venu, invoquant le nom du
maître de céans, et qu'après lui avoir présenté
le gage destiné à lui faire reconnaître ceux que
son époux enverrait près d'elle, il lui avait dit
que le sire Guy n'était pas dans l'intention de
revenir en France. Il lui enjoignait même de
vendre partie de ses domaines, de réunir le prix
de cette vente, et d'attendre un nouvel avis, qui
ne tarderait pas, pour venir le rejoindre. Cet
ordre était répété sur un parchemin scellé des
armes de notre père. Elle me remit cette
pièce, et me dit qu'elle allait se conformer à
ces ordres. Elle ajouta que le voisinage de
la maison du Temple en faciliterait la prompte

exécution. Moi qui, immobile, et les yeux fixés
sur le parchemin tendu entre mes mains y cherchais involontairement quelques traces de la main
du faussaire, je frissonnai à ce mot du Temple,
comme si j'eusse mis le pied sur le ressort du
piége près de nous enlacer.

Oh! alors, je sortis des limites de timidité et
de respect où ma mère avait enfermé ma douleur,
mes soupçons et mes craintes. Je parlai avec chaleur, avec amertume même. Je lui demandai si
elle avait oublié ses enfans; je fis retentir à son
oreille le nom de son époux. Je la conjurai, par
ce nom trop oublié, d'écouter les conseils d'une
sage défiance; je me déchaînai contre les perfides
qui lui faisaient négliger tant de précieux et légi-
times intérêts... J'effrayai, j'attendris son ame...
et, quand je vis couler ses larmes, alors je me
jetai à ses pieds, je la nommai ma mère, ma
mère adorée... Je la priai de me pardonner les
pleurs que je lui faisais répandre, et je lui demandai si elle ne voulait pas bannir de sa présence
les étrangers dont la venue chez nous était si
coupable, que le fils ne pouvait plus parler de
son père sans pleurer, et la mère, entendre nommer son époux sans rougir. J'eus peur d'en avoir

trop dit ; et, dans la crainte de l'avoir blessée, je
la regardai avec amour, avec pitié, je pris ses
mains pour les baiser... Puis, tout à coup, ô
Nangis, ce fut un horrible supplice ! j'aperçus
l'anneau de sa main gauche... Il me vint en tête
que ce n'était plus celui de mon père, que cet
homme, qui venait avec ceux du Temple, avait
mis à sa place un autre anneau tout semblable au
premier avec son nom, toujours ce nom.... Et
il me prenait une envie dévorante d'arracher cet
anneau, de lire le nom gravé dans cet anneau....
Et mon imagination, réveillant mes souvenirs,
venait me retracer une vision qui avait troublé
ma pauvre tête... Oh ! ce n'était pas une vision !
Je l'avais surpris une fois, cet odieux étranger,
aux pieds de ma mère, à genoux devant elle,
comme j'y étais maintenant. C'était la veille de son
départ ; car, cédant enfin aux instances de son oncle, il s'était décidé à entrer dans l'ordre du Temple, et il s'en allait, disait-on, guerroyer contre les
Infidèles ! Et cet homme, que faisait-il ce jour-
là aux genoux de ma mère, si ce n'était pour la
remercier de cet échange d'anneaux ?

A ce souvenir, je repoussai les douces mains
qui reposaient sur les miennes ; je me relevai, la

menace, la malédiction à la bouche, et je sortis pour ne pas tomber là, étouffé de colère et de douleur... De tout le jour je ne reparus pas au château.

Le lendemain de cette scène violente, lorsque je me présentai dans la galerie conduisant à l'appartement de ma mère, j'y trouvai Jeanne en sentinelle... Cette femme, qui fut votre nourrice, Nangis, n'avait pas épargné à la châtelaine le poison de ses conseils perfides; vassale déloyale, elle servait les projets du templier Arnould et les amours de son neveu... Par cet infâme métier, sans doute, elle a acheté le droit de conduire le bac qui me transporta hier sur cette rive de la Seine.

— Je sais, je sais, répondit Nangis; mais continuez votre récit, mon frère.

— Ce jour-là, elle s'était chargée, reprit le croisé, de séparer le fils de la mère; s'avançant au devant de moi, elle m'annonça d'un ton sec et brutal que l'entrée de cet appartement m'était pour aujourd'hui interdite.

Je pâlis et je restai d'abord stupéfait à la signification de cet ordre. Puis, comme j'en demandai la cause :

— Vos bizarreries et vos sombres humeurs, me répondit Jeanne, ont plongé la dame du Launoy dans un état d'exaltation fiévreuse dont tout l'art des médecins ne saurait la guérir si vous veniez, par votre présence, achever votre triste ouvrage. Contentez-vous d'avoir fait le malheur de votre mère par votre caractère violent et farouche, et laissez-la du moins mourir en paix !

— Quoi ! dis-je, ma mère est mourante et l'on me refuse l'approche de son lit !... Qui ?... moi, je l'aurais conduite au tombeau ?... Non, vous mentez ; ses chagrins ont une autre cause, et c'est vous, vous, infâme, vous dont tous les soins ont eu pour but d'éloigner d'elle son fils et le souvenir de son époux, afin de la livrer aux influences funestes de nos ennemis ; c'est vous, vous seule qui êtes cause de sa tristesse et de son mal.

En disant cela, je repoussai d'une main vigoureuse la femme dont les bras me barraient le passage, et je m'élançai vers la porte de ma mère ; mais d'autres domestiques accourus à l'appel de Jeanne, se trouvèrent bientôt entre moi et la chambre, et je les vis disposés à m'en disputer le passage.

Furieux à cette vue, je m'élance sur les trophées suspendus aux piliers de la salle; je saisis une masse d'armes.

— Arrière! misérables serfs, m'écriai-je, arrière, vassaux infidèles! Qui de vous osera mettre la main sur le fils de votre maître et seigneur!

Pour la première fois, ô Nangis, je me servais d'une arme! pour la première fois, je m'aperçus, avec des pleurs de rage, que ce moyen de gloire et de vengeance me manquerait, à moi, tout bouillant de ce double besoin. Mon bras impuissant s'abaissa sans frapper : l'arme trop pesante avait échappé à ma débile main!

Je vis le sourire du dédain et de la moquerie sur ces indignes faces d'esclaves... Les lâches! ils m'entourèrent, mon frère, ils me saisirent; ils me transportèrent, malgré mes cris de menace et d'indignation, et me jetèrent prisonnier dans une salle basse et voûtée du donjon le plus éloigné de la partie du château habitée par ma mère.

— O mon père! mon noble père! m'écriai-je alors, où donc es-tu, toi capable de porter l'arme qui venge et qui punit?... Mais viens donc me venger! Viens donc punir les lâches qui ont frappé, garrotté, comme un vil malfaiteur, l'aîné de ta race, ton Gauthier, l'héritier de tes titres, de tes biens dont on veut nous dépouiller par les mains d'une mère... Une mère! Mais qu'est-elle donc devenue, cette femme?... qu'a-t-elle fait de sa dignité de femme, de son autorité de châtelaine? Laisser traiter ainsi son fils, presque sous ses yeux; oh! c'est infâme! quel démon s'est donc emparé d'elle, et la tient ainsi inactive et muette comme sous l'empire d'un charme étrange et d'une fascination fatale?

Et des larmes rares et brûlantes sortaient de mes yeux sanglans, et, dans des mouvemens de fureur indomptable, je frappais du front les murs de ma prison, ou j'appelais, avec des cris qui me brisaient la poitrine, l'aide du Ciel et de ses puissances.

Je restai ainsi bien des jours, repoussant les soins et les secours qu'appelait la fièvre ardente qui brûlait mon sang. Sous son étreinte puissante, je perdis bientôt avec la vue des murs de ma triste prison la conscience des maux que j'y souffrais. Combien de temps dura cette crise? je l'ignore; quand je repris ma raison, quand je promenai autour de moi un regard encore troublé et surpris, j'aperçus au chevet de mon lit le saint ermite des Quatre-Chênes. C'était lui, le bon et savant vieillard, qui m'avait guéri de la fièvre... O Nangis, la nouvelle qu'il m'apporta fut plus efficace pour achever mon entier rétablissement, que toutes les boissons qu'il me destinait encore.

— Gauthier, votre noble père est arrivé ce matin, me dit-il en se baissant à mon oreille. Ce bruit, ces vagues rumeurs que vous entendez dans les corridors du château, ce sont la surprise et l'effroi qui s'agitent à la nouvelle imprévue de ce retour; car, je vous le répète, mon enfant, votre noble père est arrivé ce matin.

— Mon père... ô mon Dieu!... mon père! Et pourquoi ne suis-je donc pas encore dans ses bras?... Où est-il? ajoutai-je en me levant sur mon séant, et en me sentant animé d'une force surnaturelle.

Le solitaire me raconta que mon père attendait à l'ermitage que la nuit fût venue pour rentrer au manoir. Ignorant encore si l'on n'avait point donné suite aux accusations que l'on avait fait peser sur lui, il avait cru prudent de ne pas entourer ce retour de trop d'éclat.

— Ah! conduisez-moi, conduisez-moi vers lui, m'écriai-je en m'élançant loin de ma couche, et en me revêtant en toute hâte de mes habits.

Le vieillard vit que tout effort pour me retenir serait inutile.

— Hé bien ! venez, mon fils, me dit-il ; que vous soyez le premier à accourir au devant de votre père ; car, vous du moins, vous pourrez lui montrer un visage joyeux de son retour, et lui offrir un cœur resté fidèle et pur, en son absence.

Je me hâtai de franchir la porte de ma triste prison ; la nouvelle que l'anachorète venait d'apporter me l'ayant ouverte toute grande. J'arrivai dans la cour du château où tous les domestiques en émoi tâchaient de se rassembler avec quelque apparence d'ordre pour recevoir leur maître. Ils parurent embarrassés à ma vue, et moi... — Ah! alors tout était oublié ; il n'y avait dans mon cœur de place que pour la joie — moi je m'écriai : Pardon, pardon à vous tous! pourvu que vous me donniez le moyen de rejoindre promptement mon père, mon père qui revient enfin !

Ils s'empressèrent et m'amenèrent l'un des

8.

chevaux laissés tout bridés dans la cour par l'un des hommes d'armes qui précédaient mon père. Je fus vite en selle, et je partis rapidement, après avoir fait un signe d'adieu au bon ermite qui pleurait d'attendrissement.

J'étais déjà à une assez grande distance du château, quand je distinguai, au milieu d'un tourbillon de poussière, l'armet brillant et le panache vert de mon père qui s'en venait, suivi de deux écuyers portant sa bannière au vent et tenant sa rondache et sa lance.

Aussitôt, mettant pied à terre et m'agenouillant au milieu du chemin, j'étendis vers lui mes bras tout tremblans d'émotion, et j'essayai en vain de le voir de mes yeux tout remplis de larmes...

Je me trouvai au même moment pressé dans ses bras, sur son cœur, et je recommençai à vivre, en ce seul instant, plus que je n'avais fait depuis deux années.

— Mon enfant, conduis-moi vers elle! Telles furent les premières paroles que je pus distinguer en revenant de l'espèce d'évanouissement où l'ivresse de la joie m'avait plongé.

Ces mots me réveillèrent en sursaut, et je me mis à rougir sans savoir pourquoi, et à trembler

comme un coupable, à l'idée de ramener mon
père vers une épouse qui, je le sentais malgré
moi, n'était plus la femme douce et pieuse à laquelle il m'avait confié.

Je repris avec lui la route du châtel; mais
déjà un nuage sombre s'était répandu sur cette
joie si pure, sur cette joie d'enfance, sur cette
joie d'ange, joie telle que je n'en retrouverai
jamais de pareille dans cette vie.

CHAPITRE III.

Dans le préau du manoir nous trouvâmes tous les domestiques rangés en bon ordre et portant chacun à la main une torche allumée, car la nuit était venue.

Ils poussèrent de grands cris de joie à l'aspect de mon père. Mais celui-ci, conservant un front sévère et soucieux, soit qu'un pressentiment secret l'inspirât, soit que l'ermite lui eût laissé entrevoir la vérité, parut peu touché de cet accueil bruyant, et demanda dans quelle

partie du château il devait enfin trouver la dame
du Launoy.

Alors Jeanne, perçant les rangs, s'avança d'un
air humble et soumis.

— Monseigneur, dit-elle, la noble dame igno-
rante de l'époque de votre venue, et ne sachant
plus à quel saint se vouer pour en hâter le moment tant désiré, a entrepris hier un pèlerinage à
Notre-Dame-du-Vaudreuil, et, tandis que, pour
la retrouver plus vite, vous pressiez le pas de
votre destrier, elle s'en allait, elle, pieds nus,
accompagnée d'une modeste escorte et récitant
ses patenôtres, demander à la Sainte-Vierge ce
qui lui est enfin accordé, votre arrivée sans mal-
encontre au milieu de vos fidèles vassaux!

Je ne pus observer l'effet que ces paroles pro-
duisirent sur mon père; car j'avais baissé les yeux
comme si j'eusse été l'auteur de ce mensonge.
Ces paroles m'avaient étourdi et confondu;
c'était un degré d'audace auquel je ne croyais
pas qu'on pût atteindre, que de mentir ainsi au
chef de la famille.

Mon premier mouvement fut de dévoiler la
perfide Jeanne et de dire tout à mon père; mais
un effroi subit s'empara de moi à l'idée de l'en-

trevuc que mon démenti eût amenée immanqua-
blement, et j'eus la force de contenir encore dans
mon cœur le fatal secret qui le débordait.

Sans plus faire de questions sur son épouse,
mon père entra dans le château; je le suivis en
silence. Ce fut dans la chambre, dans la chambre nuptiale que nous allâmes nous asseoir tous
les deux... Triste et solitaire soirée, vous fûtes
bien différente de celle que le proscrit avait sans
doute rêvée!

La chambre depuis long-temps était restée in-
habitée. La tapisserie qui recouvrait les murailles avait perdu l'éclat de ses couleurs sous une
couche épaisse de poussière que les chambrières, dans leur précipitation, n'avaient pas eu le
temps de secouer. Dans tous les angles des pla-
fonds, l'araignée avait bâti de solides et vastes
habitations, et le lit lui-même, enveloppé de
sombres et sévères draperies, semblait plutôt le
catafalque qui attend un cercueil, qu'une couche
préparée pour l'hymen de retour.

Mon père s'assit, sans regarder autour de lui,
dans le grand fauteuil où vous voilà maintenant,
Nangis; et, laissant tomber sa tête sur sa poi-
rine, il resta long-temps plongé dans une mé-

ditation silencieuse. Moi, je le regardais pendant ce temps-là, et je soupirais en remarquant les nouvelles et profondes rides que ces deux années avaient imprimées sur son front, en voyant ses cheveux rares et blanchis, ses traits affaissés et son corps amaigri.

— Pauvre père, disais-je tout bas; oh! sans doute il a bien souffert.

Lui, après un instant donné à ses tristes pensées, leva les yeux sur moi, pauvre enfant, qui le regardais avec tristesse. Il m'examina à son tour. Ma taille frêle, mes yeux creux et cernés, ma pâleur et le désordre de mon ajustement, rien n'échappa à son regard paternel; puis il soupira de nouveau et retomba dans sa morne et solennelle rêverie.

Cette tristesse, ce silence, me navraient le cœur. Je m'approchai, je me mis à genoux devant lui, je lui pris les mains, je les baisai; puis, heureux d'avoir enfin attiré son attention, je lui dis :

— O mon seigneur, vous semblez vous attrister à la vue de votre pauvre enfant... c'est que, voyez-vous, mon père, la croissance rapide de ma taille a fatigué mes organes encore faibles...

ô mon seigneur, il y a aussi un autre motif aux souffrances que vous semblez lire sur mon front... c'est que vous n'étiez pas là, mon père, pour donner votre bénédiction du soir et du matin à votre fils, c'est que j'étais... nous étions... tous, inquiets de vous et chagrins de votre absence! Mais les soins ne m'ont point manqué... ah! croyez-le bien? Madame ma mère...

Je m'arrêtai tout ému, ne sachant plus que dire, et des larmes involontaires venaient étouffer ma voix. A ces mots de soins donnés par ma mère, mon père avait relevé la tête, et, me regardant fixement, il semblait attendre avec anxiété que je la justifiasse entièrement du soupçon de négligence et d'oubli.

Hélas! malgré toute ma bonne envie de le tromper en ce moment, mes souvenirs, mes émotions étaient là, vives et palpitantes, et je ne pus continuer. Mon père baissa lentement la tête.

— Enfant, tu ne sais pas mentir, me dit-il.

O mon frère, cette veillée fut triste pour tous deux! Mon père sentit pourtant le besoin de faire trève à mes émotions par le récit de ses aventures.

Il me dit les pays qu'il avait parcourus en cherchant de la gloire pour son nom et de l'emploi pour son épée. Il me raconta les hauts faits auxquels il avait pris part, les merveilles dont il avait été le témoin : la liberté apparaissant aux yeux de l'Europe étonnée, et se grandissant de toute la hauteur des montagnes de Guillaume-Tell ; la liberté inscrivant ses droits dans la grande charte anglaise ; la liberté faisant asseoir le peuple dans les États-Généraux de France ! Il me dit les découvertes qui pourraient venir en aide à ce grand mouvement de l'esprit humain : comment un moine faisait jaillir la foudre d'un mélange de charbon, de soufre et de salpêtre ; comment un autre abrégeait les distances infinies du Ciel au moyen de quelques verres rapprochés et unis ensemble, comment enfin la route des navigateurs allait être tracée sur les mers par l'aiguille qui ne se lasse pas plus de se tourner vers le Nord, que l'esprit de l'homme vers la liberté dont l'on voyait poindre l'aurore !

Il était en Sicile, quand la cloche des vêpres, à la voix de Prochyta, sonna le glas de mort de tant de Français. Le récit des périls qu'il avait courus dans cet horrible massacre me faisait trembler; mais ce que je ne pouvais me lasser d'entendre surtout, c'était ce qu'il me disait de vous, mon frère, de votre goût pour les sciences que les Maures d'Espagne cultivaient avec tant de succès, de votre séjour dans ce noble pays illustré par tant d'héroïques efforts, par cette lutte de tous les jours entre la Croix et le Croissant; car là c'est encore la liberté qui se débat contre la tyrannie!

Les récits de mon père durèrent bien tard. Fatigué, il s'était jeté sur son lit, et moi, qui ne voulais pas le quitter cette nuit, je m'étais blotti à ses pieds, en demandant en grace qu'on me laissât ainsi.

On y avait consenti, et j'étais là, écoutant respirer le vieillard endormi, repassant ses récits dans mon souvenir, et interrompant les magiques tableaux qu'ils créaient dans mon imagination pour me dire : Voilà qui va bien, Gauthier, tu n'es plus l'enfant abandonné... ton père est revenu, et tu vas reposer sous sa protection.

J'allais m'endormir. J'étais dans cet état qui n'est ni le sommeil, ni la veille; mais tout à coup je frissonnai comme si la fièvre allait revenir. Une heure sonna à l'horloge du château, la porte s'ouvrit doucement, et un bruit léger se fit entendre près de moi.

Ouvrant les yeux, je vis, à la faible clarté de la lampe mourante, une blanche figure qui se glissait le long du lit.

Mon père l'avait aperçue aussi ; car il s'était levé sur son séant, et, étendant les bras vers cette apparition :

— Est-ce toi, Inégilde ? dit-il d'une voix sévère, malgré l'émotion qui la faisait un peu trembler.

Ma mère, car c'était ma mère, alla se mettre à genoux au milieu de la chambre et resta immobile, le front prosterné du côté de son époux.

Je m'enveloppai dans les rideaux pour ne rien voir, pour ne rien entendre ; car je pressentais que j'allais être le témoin d'une horrible scène. Mais, malgré mes efforts, je n'entendis que trop bien ce qui se dit dans ce moment suprême.

— Est-ce toi, Inégilde ? répéta mon père.

— Non plus Inégilde, plus l'Inégilde bien-aimée, heureuse et pure ! ! O mon seigneur, pourquoi ne m'avez-vous pas emmenée avec vous ? pourquoi m'avez-vous laissée ici seule, sans appui, sans conseil ?

— Pour me conserver intacts et purs trois dé-
pots sacrés : mon fils, mon honneur, ma fortune... parle! tu me rends mon fils ayant à peine
assez de vie pour supporter la joie du retour de
son père... Inégilde, Inégilde, qu'as-tu fait de
mon enfant?

L'épouse sanglota; et l'époux d'une voix
foudroyante :

— Mère insouciante et folle, tu dois être aussi
un dépositaire infidèle, et peut-être une épouse
parjure!

Et les sanglots de la femme redoublèrent...
elle frappa la terre de son front.

— Oui! mère dénaturée, dépositaire infidèle,
épouse parjure! tue-moi!

Il y eut un moment de silence effroyable.

— Va-t-en! cria-t-il d'une voix qui annonçait
ses efforts pour ne pas céder à sa colère; va-
t'en!

— Tue-moi! je voulais me tuer moi-même...
J'étais prête à me frapper, quand une voix m'a
crié : Encore un crime au lieu d'une expiation!
et je suis venue te dire tout, pour que tu accom-
plisses toi-même la justice et l'expiation.

— Infâme! dit-il, et je crois qu'il la poussa du

pied ; car j'entendis sa tête qui frappa contre terre.

— Oui, infâme ! répéta-t-elle avec un long gémissement.

— Inégilde, Inégilde ! et, avec un mouvement de pitié, il se baissa pour la relever.

— Vous ne me tuez pas !.. Mais je vous ai indignement trahi !...

— Tais-toi !

— Mais je porte dans mon sein la preuve vivante de mon crime ; mais je ne peux plus vivre , moi, sans que vous soyez déshonoré !

— Déshonoré !!

Il fit un pas pour saisir son épée suspendue à son chevet.

Je m'élançai entre lui et ses armes. Ce mouvement l'arrêta moins que la subite et effroyable clarté qui jaillit alors dans la chambre.

— Le feu ! le feu ! m'écriai-je, le château est en feu !

— Le feu !.. oui, le feu que j'ai allumé, s'écria-t-elle avec égarement, le feu qui dévore tout jusqu'aux traces du crime... l'on tombe, pour ne plus reparaître, sous les débris embrasés ; et, le lendemain, ceux qui sont restés disent : Pauvre femme, elle a péri dans l'incendie... c'est dommage, elle fut une bonne mère, une chaste épouse!... Qu'en dites-vous, cela n'était-il pas bien trouvé, mes seigneurs ?

— Au secours! m'écriai-je en courant à la porte.

— Oui, certes, bien trouvé! s'écria à son tour mon père. Que le château soit brûlé; mais que sauf soit l'honneur du châtelain !... Allons, enfant, tais-toi, ajouta-t-il en courant à moi et en mettant la main sur ma bouche... Inégilde, ajouta-t-il en relevant la femme toujours prosternée, ce que tu as commencé, c'est moi qui l'achèverai!.. Tu voulais mourir, tu es morte... morte pour moi, pour lui, pour tout le monde!.. Tu voulais disparaître sous les ruines du manoir?.. Laisse, laisse brûler le château de tes pères, mon fils, que les décombres s'amoncellent, on croira, ne la voyant point reparaître, qu'elle y est restée ensevelie comme sous la pierre d'une tombe, et l'on dira, ainsi qu'elle le désire : Quel dommage ! ce fut une bonne mère, une vertueuse épouse!.. Et pourtant tu es une infâme, continua-t-il en essuyant avec dégoût la main qu'il lui avait tendue pour la relever, une infâme que je méprise, une infâme que je maudis! Mais

je ne te tuerai pas, parce qu'il faut que tu vives
pour souffrir par les rémords, par le mépris,
par l'oubli de ceux que tu as lâchement trahis...
Tu vivras!... je le veux, et c'est là ma vengeance!
Tu vivras! Et maintenant, arrière! femme sans
nom, épouse sans mari, mère sans fils, arrière!
et qu'aucun de ceux qui te connaissent ne te
revoie... Jamais, entends-tu, jamais! A ce prix,
je serai le premier à dire : Ce fut une bonne
mère, une vertueuse et fidèle épouse!.. Je men-
tirai, tu le sais bien; mais que ce péché soit
aussi sur ta tête avec toutes tes iniquités, qu'il
pèse sur elle avec ma malédiction!

Elle s'enfuit en poussant de grands cris.

Le lendemain, le château était brûlé, la châtelaine avait disparu, et tous la croyaient ensevelie sous les ruines qui fumaient encore.

Accablé sous le poids de tant de souvenirs
pénibles, Gauthier avait cessé de parler. Nangis,
le front baissé, songeait avec douleur au désas-
tre de sa famille.

— Oh! oui, s'écria-t-il enfin, la femme est
un être maudit! Guerre éternelle à ce sexe sans
foi, à ces infatigables artisans de notre ruine!
Confiez-leur votre honneur, votre fortune, votre

vie : elles effeuilleront tout cela avec la même indifférence que la fleur de leur bouquet... Oh !
il n'y a qu'un seul moyen pour éviter d'être
leur dupe , c'est de tâcher de les surpasser en finesse; et, lorsqu'elles croient avoir tissu, pour
nous en envelopper, une trame, si déliée que vous
n'en apercevez pas les fils, il faut les y enfermer elles-mêmes, leur mettre le pied sur la
poitrine, comme à Satan l'archange saint Mi-
chel, et se servir d'elles ainsi que d'un marche-
pied pour arriver à l'opulence, aux honneurs, à
la gloire!

Gauthier secoua tristement la tête.

Ce furent là les récits et les discours qui occupèrent la première soirée où les deux frères furent réunis.

CHAPITRE IV.

Le lendemain, après une journée passée par
Gauthier à visiter ces lieux dont l'aspect lui rappelait de si douloureux souvenirs, les fils du vieux
sire Guy se retrouvèrent, le soir, en face l'un de
l'autre, aux deux côtés de la cheminée, comme
la veille; et, comme la veille, ils s'occupèrent
des événemens qui avaient amené la ruine de
leur maison.

— Gauthier, mon frère, dit Nangis, notre
père n'a-t-il point cherché à rentrer dans la possession de ses domaines, ou du moins à recouvrer
la somme qui devait en être le prix ?

— Après la disparition de sa femme, répondit le croisé, le châtelain du Launoy resta long-temps solitaire, repoussant les consolations de l'ermite des Quatre-Chênes, et même les caresses de son fils. Pourtant, la tendresse paternelle se réveilla dans son cœur, et il se décida, un jour, à aller à Templeville réclamer la fortune de ses enfans. Non seulement on refusa de remettre en sa possession des biens dont jamais il ne s'était désisté de sa propre volonté; mais encore, lorsqu'il demanda qu'on lui en payât le prix, on lui montra la signature de ma mère au bas d'une déclaration portant que la somme assez modique fixée par elle pour la cession de notre héritage lui avait été comptée. Alors mon père laissa son indignation éclater en menaces contre ceux qu'il nommait les auteurs de sa ruine, il leur reprocha d'avoir capté la confiance d'une faible femme, pour lui extorquer le bien de sa famille; il jura de recourir à la justice du roi, ou de tirer, par lui-même, une éclatante vengeance de tous ces faits exorbitans de félonie et de déloyauté!

Le sourire de la pitié lui répondit. On lui montra son château démantelé, dépeuplé d'hommes d'armes et de serviteurs; on lui fit

comprendre que son bras, affaibli par les ans, les
fatigues et les chagrins, bien loin de pouvoir le
venger, n'était plus même capable de protéger sa
tête blanchie. Quant à la voix qu'il élevait contre
ses persécuteurs, on lui conseilla d'en étouffer
au plus tôt les éclats, s'il ne voulait se perdre lui-
même en réveillant l'ancienne accusation qui l'a-
vait forcé de quitter la France.

— Et cet argent, dit Nangis, cet argent dont
ma mère a livré le reçu, et dont il est au moins
probable qu'elle a touché une grande partie, n'a-
t-on donc jamais su quel usage en avait été fait?
Elle n'a pu emporter avec elle une somme aussi
considérable.

— Cette réflexion, Nangis, nous vint à mon
père et à moi, lorsqu'après avoir connu, dans
notre solitude, toute l'amertume de l'abandon, et
supporté, jusqu'à l'extinction de nos forces, tout
le poids d'une peine morale, nous vîmes que nous
étions menacés aussi de la misère, du froid et de
la faim. Une main mystérieuse, il est vrai, pré-
venait, chaque jour, nos besoins, et déposait à
notre porte les provisions nécessaires pour soutenir notre triste existence; mais si cette main se

retirait et nous abandonnait à notre détresse...
que deviendrions-nous?

Nous commençâmes, chacun de notre côté,
des recherches actives dans les décombres du
château, espérant y trouver des richesses en-
fouies. Hélas! mon frère, j'ai bien souvent sou-
levé ces vieilles pierres, ces fragmens de poutres
noircies, ces cendres, seuls débris de notre ancienne demeure, et je n'ai découvert que quelques tronçons d'épées rouillées, quelques restes
d'armures, ou les morceaux épars de notre écus-
son brisé!

Pourtant, l'ermite des Quatre-Chênes, le seul
ami qui nous fût resté fidèle, prétendait savoir
qu'une somme considérable avait été remise à la
dame du Launoy, peu de temps avant l'arrivée de
son époux; sans doute, ajoutait-il, elle seule
connaissait l'endroit où cette somme avait été
déposée.

— Ce fut donc, dit Nangis, le désir d'apprendre
d'elle le lieu de ce dépôt qui vous détermina à
faire, pour la rejoindre, le voyage de la Palestine?

Gauthier répondit:

— O mon frère, plus puissant que les besoins
matériels de la vie, un autre besoin se faisait

sentir au cœur de notre pauvre père! il ne pensait qu'avec regret à la malédiction dont il avait frappé son épouse coupable. Le souvenir du désespoir de cette malheureuse femme, la crainte des suites funestes de sa sévérité, l'image de l'abandon dans lequel se trouvait probablement l'infortunée, enfin, un vif sentiment de tendresse qu'il s'était en vain efforcé d'étouffer, tout cela s'éveillait en lui pour lui reprocher son impitoyable dureté.

— Mon fils, me dit-il un jour, je suis bien vieux, plus vieux encore par les malheurs qui ont pesé sur ma tête, que par les années qui l'ont blanchie ; dépouillé de tout ce qui fait la vie d'un homme et d'un chevalier, je n'ai plus qu'à songer à la mort qui s'approche. Ne pleure pas, c'est pour moi une douce pensée que celle-là, c'est la seule où je puisse maintenant me reposer sans craindre d'y trouver une amère déception... Je suis chrétien, mon fils; j'ai foi dans une vie meilleure; car j'ai foi dans la miséricorde de Dieu. Pourtant, ô mon fils, je me repens de ne l'avoir pas toujours imitée, cette miséricorde infinie... Cette malheureuse... ta mère... Inégilde... ma femme, enfin, ajouta-t-il en rougissant et en arrachant ce mot qui sortit péniblement de sa poitrine, elle a

emporté ma malédiction! Oh! c'est un poids trop
lourd pour le cœur d'une pauvre femme... et
celle-là n'était que faible! Dis, Gauthier, n'est-il
pas vrai que sa faute fut le résultat de la faiblesse
et non de la corruption? N'est-il pas vrai qu'elle
était mourante, accablée sous le poids de la
honte et du remords?... Sa voix ne t'a-t-elle pas
paru, comme à moi, pleine de repentir... et ses
larmes n'étaient-elles pas des larmes de sang,
quand, prosternée à mes genoux, elle me disait...
Ah! n'évoquons pas cette nuit épouvantable! mes
remords ne me la rappellent que trop; car une
horrible tentation me saisit alors, et j'ignore encore
comment je pus lui résister... Mon Gauthier,
mon pauvre enfant, si pur et si bon, va, comme
l'ange du pardon, porter de consolantes paroles à
celle dont nous pleurons la perte! Cherche-la,
s'il le faut, jusqu'au bout du monde; dis-lui:
Épouse, celui dont tu as brisé le cœur te pardonne et meurt en priant pour toi! Dis-lui, Gauthier: Mère, tes enfans te pardonnent aussi! Dis-
lui cela, mon fils, répéta-t-il avec autorité, et,
du haut du ciel que j'habiterai alors, je l'espère,
je répandrai sur ton frère et sur toi mes plus ar-
dentes bénédictions!

Je lui répondis, en sanglotant, que je ne saurais me résoudre à abandonner ainsi sa vieillesse, sans soins, sans secours, sans ami.

— L'ermite prendra soin de moi, me dit-il; son zèle pieux me fournira les seules consolations qu'il me soit maintenant possible de goûter, et, quant aux besoins de la vie, tu le sais, une main mystérieuse y pourvoit. C'est la main de quelque ange, peut-être, qui veut aider ainsi à l'accomplissement de mon projet miséricordieux. Dieu prendra soin de moi.... Pars, mon fils, pour obéir à ton père!

Cet ordre était précis. Je m'engageai par serment à le remplir, et, pour gage de mon assujettissement à tout ce que nécessiterait sa parfaite exécution, je me fis sceller, au dessus du poignet, ce bracelet que tu vois encore, Nangis.

Je partis quelques jours après.

Je traversai d'immenses pays; je traversai des mers immenses, m'en allant, moi, pauvre enfant, à la recherche d'une faible femme, pour lui porter le pardon de l'époux dont elle avait désolé et abandonné la vieillesse; je parcourus toute la Palestine. Nous avions eu quelques motifs de croire qu'elle y était allée en pélerinage,

pour acheter, par les périls, par les fatigues et
même par le martyre, le pardon de sa faute...
Mais, hélas! en Palestine, pas plus qu'ailleurs, je
ne recueillis alors aucune nouvelle de son sort,
aucun indice de son passage ou de sa présence.

J'assistai, mon frère, aux derniers efforts des
Chrétiens en Asie, et à la chute de ces trônes
élevés au prix de tout le sang héroïque et pieux
que l'Europe avait porté au calvaire pour y être
versé comme celui du Sauveur. Justice de Dieu!
tant de vaillans soldats ne s'étaient armés que
pour conquérir une croix de bois et une couronne d'épines; mais derrière eux, marchaient
ces hommes qui veulent trouver partout un sceptre et une couronne d'or. Le Ciel parut d'abord
sourire à leurs efforts, et bientôt, comme s'il ne
se souvenait plus que des premiers vœux des
martyrs, il transforma tous ces diadèmes de
rois, tous ces fleurons de ducs, de comtes et de
barons en véritables couronnes d'épines, et, sur
leurs trônes chancelans, tous ces princes d'un
jour ne se trouvèrent plus à la main qu'un ro-
seau, et sur leurs épaules qu'une pourpre déri-
soire.

Je vis les triomphes de Bibars, le soudan du

Caire et les exploits de Kelaoun, son fils, non moins terrible que lui. Je vis la discorde et la désunion des Chrétiens, et les fléaux que le Ciel envoie dans sa colère, seconder la furie du vainqueur, les tremblemens de terre secouer et briser devant lui les remparts qui eussent pu résister à ses coups, et la peste, souffle de l'enfer, atteindre nos soldats d'une manière plus sûre que les flèches de ses archers.

Réfugié à Ptolémaïs, je cherchais le moyen de retourner en France, quand cette ville fut assiégée par le soudan. Je courus tous les hasards, tous les périls de ce siége fameux, regrettant souvent que la faiblesse de mon bras m'empêchât d'être plus utile à une cause pour laquelle j'aurais voulu donner ma vie.

Le jour vint où, malgré tant d'efforts vraiment extraordinaires, il fallut que la ville chrétienne, le dernier rempart qui portait la bannière de la croix, vît arborer le drapeau de Mahomet..... Images qui me glacent encore de terreur!... Qui vous a vue, Ptolémaïs, autrefois la riche, la jeune, la voluptueuse, la superbe cité, qui vous a vue échevelée, hurlante, vous tordant sous votre couronne de flamme, et les pieds dans le

sang comme un vendangeur qui foule le vin,
emporte un souvenir d'horreur et de pitié que
rien n'effacera plus!

Et, tandis que les palais flambaient, que les
tours s'écroulaient, ensevelissant sous leurs débris vainqueurs et vaincus; tandis que les vier-
ges du Seigneur se mutilaient pour échapper à la
fureur des mécréans, des scènes non moins terribles se passaient sur les bords de la mer où
j'avais couru quand l'heure suprême avait sonné
pour Ptolémaïs. Il y avait en vue de cette malheureuse cité quelques navires venus d'Europe
pour lui apporter des secours, et c'était à qui
rejoindrait ces vaisseaux que les désastres de
cette nuit faisaient tenir au large.

La plage était pleine de femmes, d'enfans, de
vieillards éplorés, tendant leurs bras et appelant
ce seul moyen de délivrance. Les barques qui se
trouvaient dans le port furent en un clin d'œil
surchargées de gens empressés de fuir l'escla-
vage et la mort. A la lueur de l'incendie qui
allait croissant, l'on voyait ces fragiles embarcations s'éloigner avec peine du rivage, retenues
par les ongles, par les dents de tant de malheureux demandant passage... Quelques uns les

suivaient à la nage et s'efforçaient d'y monter... les matelots les repoussaient impitoyablement à coups de rames, et, de temps en temps, un grand cri s'élevait, dominant les plaintes et les imprécations... c'était quelque bateau qui, trop rempli de fuyards, disparaissait dans les flots.

J'étais parvenu à me faire recevoir dans le navire qui portait la duchesse de Bretagne. Surprise comme moi par la guerre à Ptolémaïs, où elle attendait que son mari vînt la chercher, elle avait subi toutes les angoisses, toutes les privations de cette période calamiteuse, angoisses et privations plus cruelles pour elle que pour toute autre, car elle était mère. Un tout petit enfant, une fille née pendant la durée de son pélerinage, criait entre ses bras, quand je parus sur cette nef à qui elle confiait ses plus chères amours.

J'avais eu le bonheur de lui rendre quelques services et de lui offrir quelques consolations pendant le siège ; quand elle m'aperçut, elle accourut à moi.

— Ah! bon sire Gauthier, me dit-elle, soyez le bien-venu. C'est la sainte Vierge, que je priais si fort tout à l'heure, c'est la sainte vierge qui vous

envoie auprès de moi dans ce fatal moment ; car,
je le sais, vous comprenez, vous, toutes mes solli-
citudes maternelles, et vous y prenez plus de part
que tous ces farouches chevaliers de ma suite,
souriant de pitié à mes terreurs de mère.

Je ne sais, Messire, ajouta-t-elle en versant
quelques larmes, si j'aurai le bonheur de présenter moi - même à mon époux cette chère
petite créature qu'il n'a pas encore embrassée :
cette joie serait pour moi la plus grande, après
celle que j'éprouve d'être mère... Dans tous les
cas, si ce frêle navire, dont chaque mouvement
me fait trembler, venait à nous manquer à tous,
c'est à vous que je recommande ce que j'ai de
plus cher au monde, mon Agnès, l'unique enfant de mon amour, l'héritière du duché de
Bretagne.... Employez pour la sauver, s'il en
était jamais besoin, tout le zèle et toute la valeur
que j'ai devinés en vous...!

— Noble dame, lui dit en ce moment le pilote,
ne vous affligez pas. Si vous n'admettez sur le
navire aucun passager nouveau, nous pourrons
encore nous tirer de mal-aventure et arriver à
bon port. Il faut fermer votre cœur à la pitié...

un homme, un seul homme de plus ici, et je ne répondrais pas de notre vie à tous !

Elle promit, la noble dame ; mais sa pitié de mère et de chrétienne lui fit bientôt oublier cette promesse.

Nous étions encore en vue de Ptolémaïs, l'incendie continuait toujours, et, comme un astre sanglant levé sur l'Océan, il envoyait jusqu'à nous un long sillon de feu. C'était l'heure où l'ame la plus tourmentée par l'inquiétude et le chagrin, cède aux fatigues du corps, et sent l'impossibilité de prolonger encore sa veille. Tous les yeux se fermaient, et les hommes de l'équipage eux-mêmes, assoupis et se confiant dans le calme des flots, dans la beauté du ciel, et dans la bonté de leurs ancres, n'agissaient plus qu'avec ces mouvemens de machine, qui semblent tenir du sommeil et qui accompagnent les rêves.

La duchesse de Bretagne et moi, nous étions les seuls éveillés ; éveillés, oui.... ou du moins je le crois ; car plus je cherche à recueillir les souvenirs de la scène étrange qui suivit cet assoupissement général, plus ils me reviennent vagues, bizarres, effacés comme ceux d'un songe dans une nuit de fièvre.

Il me semble pourtant qu'assis l'un près de l'autre, elle, tenant toujours sa fille, moi, la main sur le gouvernail qu'abandonnait le pilote endormi, nous causions, et des désastres de Ptolémaïs, et de notre retour en France, quand nous entendîmes un grand cri à la gauche du navire. Ce cri, qui semblait venir de la mer, ce cri, d'une nature inexprimable, tenant à la fois de la menace, du commandement et de la prière, attira nos regards de ce côté. Une clarté subite éclaira en ce moment la mer; elle provenait sans doute de l'incendie lointain, et nous crûmes voir, nous vîmes un être, une forme humaine qui, s'élevant au dessus des vagues, semblait nous tendre quelque chose en nous faisant des signes.

La rapide clarté qui nous l'avait fait distinguer, s'éteignit comme la lueur d'un éclair, et nous n'avions pas eu le temps de nous raconter ce que nous avions vu ou cru voir, lorsque le même cri, plus accentué, s'éleva au côté droit du navire; nos regards se portant dans cette direction, nous vîmes cette fois, bien distinctement, à la lueur du fanal placé sur le pont, un homme achevant de gravir le flanc du navire, avec une vigueur et une légèreté infinies.

Avant que nous eussions réveillé nos hommes pour prévenir cette escalade et cette introduction si contraire à l'intérêt général, il était devant nous, et avait déposé aux pieds de la duchesse un enfant...

Tous deux, muets d'étonnement, nous regardions tour à tour, et la pauvre petite créature à moitié morte de froid et de peur, et l'être étrange qui nous l'avait apportée.

J'ai revu souvent dans mes rêves cette figure extraordinaire, et même elle m'a toujours été une apparition fatale; c'est une preuve de l'effet qu'elle produisit sur moi dans cette nuit de mort et de désolation....

Que te dirai-je, mon frère...? Cet homme, je le crois, n'est autre qu'un esclave africain, comme l'annonce la couleur de sa peau; mais quiconque touche cette peau retire la main, comme s'il eût senti le froid gluant et rugueux que le serpent rapporte du fond des tombeaux où il se cache.... Et cet œil, dont l'orbite blanc et terne contraste avec le noir sanglant de la pru-

nelle, avec le noir verdâtre de son teint!....
Qui peut oublier l'inconcevable tristesse qui
éteint parfois son regard, ou l'effroyable malice
qui vient, de temps en temps, le réveiller? Un
œil de cadavre ranimé par l'enfer serait moins
effrayant!

Le reste de ses traits ne porte pas le caractère
qui distingue ceux de sa race : son nez n'est point
écrasé comme celui de l'Africain ; il présente au
contraire, dans son profil, une ligne courbe et
et saillante, ressemblant au bec de l'oiseau de
proie. Ses lèvres, loin d'être épaisses, font à
peine saillie sur son menton droit et plat ; toujours hermétiquement closes, elles forment
une ligne qui traverse le bas de cet immobile
visage, et semblent une menace écrite de sang
sur le marbre d'une tombe. Son front reste
sans cesse couvert par des cheveux noirs, plats
et lissés, qui descendent jusque sur ses épais
sourcils; on dirait qu'il veut cacher là quelques traces d'une honteuse blessure, comme
si l'application d'un fer rouge eût gravé entre
ses yeux, un mot, une lettre de réprobation.

Il portait le costume d'un compagnon servant
du Temple, et cet habit, je l'avoue, mon frère,

augmenta encore l'instinct de répulsion que
m'avait inspiré sa figure sauvage. Lui, sans s'arrêter aux marques peu cachées de cette antipa-
thie, et voyant que la bonne duchesse avait pris
l'enfant dans ses bras, et la réchauffait sur son sein,
à côté de sa fille, il nous montra la croix de son
manteau, étendit le bras vers le point de l'horizon où nous espérions voir quelque jour appa-
raître la terre de la patrie, et, abaissant ce bras
sur la tête de la petite fille qui, déjà réchauffée,
souriait à la dame miséricordieuse, il nous fit
comprendre qu'un chef de son ordre l'avait
chargé de reconduire cette enfant en France. Et
maintenant, il semblait la confier aux soins d'une
nouvelle protectrice, il semblait lui demander
si elle aurait le courage de la repousser de ses
bras, de les livrer tous deux à un trépas certain,
en les faisant jeter hors du navire ?

Comment la noble duchesse eût-elle pu se résoudre à prononcer un mot d'expulsion, surtout
à l'aspect des changemens qui, tout à coup,
étaient survenus dans l'état du ciel et de la mer ?
Depuis que l'Africain avait mis le pied sur notre
nef, le vent s'était élevé, agitant furieusement

10.

les vagues, et secouant, sur ses ancres, le navire qui craquait déjà de tous côtés.

— Restez! dit la duchesse.

On eût dit que ce mot était le signal attendu par la tempête pour exercer toute sa furie.

— Jesus Maria! qu'avez-vous fait? s'écria le pilote en revenant à lui. Quel passager nouveau-a-t-on reçu ici malgré mes avis?

L'Africain avança la tête vers lui.

— Nous sommes perdus! reprit le pilote en se signant.

Et, en effet, une montagne d'eau furieuse, épouvantable, s'amoncela, accourut, et, fondant de toute sa hauteur sur le faible bâtiment, le submergea et l'engloutit.

Les robustes hommes d'armes chargés de leurs pesantes armures, les faibles femmes avec leurs membres délicats, les matelots eux-mêmes, fatigués de leurs récens travaux, essayèrent en vain de lutter contre la mer irritée. Après quelques efforts pour revenir à sa surface, tous s'enfoncèrent dans l'abîme pour ne reparaître jamais.

Deux hommes seulement nageaient encore, après que le reste de l'équipage avait disparu.

Tous deux fendaient habilement la vague ou se laissaient porter par elle... Ces deux hommes étaient le nègre et moi. Nous nous dirigions ensemble vers un large rocher dont la vue ranimait nos forces. Mais ce qui encourageait surtout mes efforts, c'était de voir que l'Africain nageant devant moi, et me frayant le passage au milieu des vagues mutinées, portait et retenait au dessus d'elles les deux enfans que la malheureuse duchesse de Bretagne tenait sur son sein au moment du naufrage... Tout n'était donc pas perdu, et je pourrais du moins remplir la promesse que j'avais faite à la pauvre mère!

Mon compagnon de voyage toucha bien long-temps avant moi le rocher vers lequel tendaient tous nos efforts. Je le vis s'élancer, avec une énergie inconcevable, sur les pointes du récif battu par les flots; il me sembla bien qu'en ce moment il tenait encore les deux enfans dans ses bras.

Moi, j'eus une peine infinie à le rejoindre; une force que je ne pouvais dompter m'éloigna long-temps de cet asile préparé par la Providence. Je voyais le nègre à travers la brume du jour qui se levait, et l'écume des flots qui se brisaient à ses pieds, en m'enveloppant d'un tour-

billon de vapeurs et de pluie; puis il disparaissait, puis je le revoyais encore... Il était tantôt
accroupi, tantôt debout, tantôt il me faisait si-
gné de venir, tantôt il bondissait, dans les élans
d'une joie frénétique. Je ne sais quelles images
sanglantes passaient en ce moment devant mes
yeux; mais il me semble que l'horreur, autant
que la fatigue, causa l'évanouissement qui, dans
ce moment, vint enchaîner mes forces. C'en était
fait de moi... j'allais périr, quand une vague me
jeta, sans mouvement et sans connaissance, sur
les pierres couvertes d'algues marines où l'Africain avait assisté avec tant d'indifférence à ma
lutte contre les flots.

Quand je repris mes sens, quand j'ouvris les
yeux, je l'aperçus.... Il était debout devant moi
et je remarquai avec une surprise mêlée d'effroi qu'un seul enfant était près de lui.

Il me présenta la petite fille, en me montrant
la mer, et en m'annonçant, par ses signes, que,
dans son trajet, l'autre, plus malheureuse, était
échappée de ses mains, sans qu'il eût pu la res-
saisir.

C'était la fille de la duchesse de Bretagne qu'il
avait sauvée, à en juger par les langes brodés, par

les ornemens d'or, par les colliers précieux dont était entourée l'enfant qu'il me présenta. Je l'avais trop peu vue dans les bras de sa mère ; à cet âge, d'ailleurs, les enfans se ressemblent trop pour que je refusasse de le croire. Cependant une chose me frappa : l'air tranquille et rassuré de la petite fille, quand la figure de son étrange libérateur s'approchait de la sienne. L'habitude seule pouvait faire taire l'effroi que devait inspirer à un enfant de cet âge le visage de l'Africain. Après cela, quel intérêt pouvait-il avoir à une substitution semblable ? Je ne le devinais pas, et j'acceptai l'enfant qu'il me présentait, pour la fille de la duchesse de Bretagne, celle-là même à qui j'avais juré aide et protection.

Hélas ! pensais-je, à quoi lui devait servir cette promesse faite à sa mère. Pauvre enfant ! elle était, il est vrai, sauvée d'un grand danger ; mais un danger non moins grand se présentait encore. La faim, l'horrible faim nous attendait sur ce roc inculte et désert, et je n'avais rien, rien qui pût prévenir, ou retarder l'horrible torture de cette lente agonie.

Comme je faisais ces tristes réflexions, j'en fus tiré par un cri d'épouvante de mon noir compagnon d'infortune. Il me désignait du doigt, à l'horizon, un point blanc qui devenait plus distinct à chaque minute : c'était un navire cinglant vers nous.

L'effroi de l'Africain venait de la découverte que son regard d'aigle avait faite du pavillon de ce navire : il était vert et portait le croissant du prophète... c'était un navire sarrazin! Lui, transfuge et renégat, à leurs yeux, n'avait à attendre de ses compatriotes qu'une mort infâme au milieu des plus atroces douleurs. Il me fit comprendre qu'il saurait les éviter. Ce fut alors qu'il remit entre mes bras Agnès de Bretagne, ou, du moins, l'enfant paré comme devait l'être la fille de la duchesse.

Pour faire cesser un doute involontaire, j'examinai attentivement les bijoux et les ajustemens dont elle était couverte... Tous portaient le nom d'Agnès, tous étaient marqués aux armes de Bretagne.

Quand je relevai la tête, je cherchai vainement l'écuyer du Temple... Il avait disparu, sans laisser trace de la route qu'il avait prise.... S'était-il jeté à la mer? cette supposition était la plus probable, et pourtant aucun bruit annonçant cette résolution désespérée, ne m'était parvenu, et, en interrogeant du regard la vaste étendue des flots, je ne vis rien, à leur surface, qui me confirmât dans cette idée.

Je n'eus pas le temps de m'inquiéter du sort de cet être mystérieux. Les Infidèles, du haut de leur navire, nous avaient vus. Une barque envoyée par le capitaine apporta sur le rocher quelques hommes armés qui s'emparèrent de moi et de l'enfant. Ils nous conduisirent à leur chef.

CHAPITRE V.

Abdalhah-el-Hadgi commandait dans ce navire; il l'avait armé à ses frais pour participer,
en digne enfant du Prophète, à l'expulsion des
Nazarréens maudits qui, trop long-temps, avaient
séjourné dans la Palestine. Nous étions les esclaves d'Abdalhah!

Malgré son zèle fanatique pour sa religion,
malgré sa haine pour tout ce qui avait participé,
de près ou de loin, à la domination injuste, impie, selon lui, exercée sur l'héritage des vrais
croyans, il se laissa toucher par l'innocence et

la gentillesse d'Agnès que je portais encore dans mes bras, quand on nous présenta devant lui. Le sincère attachement que je témoignais pour cette faible créature confiée à mes soins, la chaleur avec laquelle j'implorai pour elle seule sa pitié, m'abandonnant, sans murmure, aux rigueurs qu'il lui plairait d'exercer sur moi, me firent trouver grace devant le serviteur du prophète. Il nous traita avec douceur. Après quelques jours de navigation, il relâcha dans le port de Sidon, et, voulant encore garder la mer, il nous fit conduire, Agnès et moi, dans la ville de Damas, auprès de sa femme qui l'y attendait, surveillant, avec la prudence et l'économie d'une sage ma- trone , une maison considérable en terres et en biens de toute espèce.

Soit que les recommandations de notre maître eussent été positives, soit que notre malheur et la manière dont je le supportais eussent touché la femme d'Abdalhah, elle nous donna aussi des preuves d'intérêt et de bienveillance.

Je n'eus de travail que ce que mes forces me permettaient d'en faire, et Agnès fut confiée aux soins d'une vieille esclave chrétienne qu'une vive affection attacha bientôt à la malheureuse fille. Presque tous les jours, conduite dans les jardins où je trouvais mes occupations et ma tâche quotidienne, Agnès venait passer quelques instans avec moi, et je pouvais, grace à ces douces visites, cultiver dans ce jeune cœur, avec l'amour et le regret de la patrie absente, l'amour et la connaissance du vrai Dieu toujours présent pour consoler et soutenir ceux qui se donnent à lui, sans réserve.

Ces entrevues et ces conversations toujours épurées par ces noms saints de Dieu, de mère, de patrie, qui les dominaient, le bonheur de nous retrouver, le seul, hélas! qui nous fût resté; la reconnaissance pleine de chaleur de ce jeune cœur si naïf et si dévoué; les doux noms, les saintes caresses qu'elle me prodiguait pour prix de mes soins tendres et désintéressés comme ceux d'un frère, les progrès de beauté et de sentiment auxquels elle me faisait assister avec le pudique abandon de l'innocence; l'éveil de cette ame dont je connaissais toutes les douces et secrètes inquiétudes, toutes les ineffables joies, toutes les impressions durables ou fugitives, me jetaient dans d'inexprimables enchantemens.

Voilà ce qui fit, ô mon frère! de quinze ans
passés dans la captivité, un temps dont le souvenir me ravit, me transporte, m'enchante,
comme si j'oubliais qu'alors je n'avais pas un
père, un frère, une patrie, une liberté, à re-
gretter! Et j'y pensais pourtant, et pourtant je
ne formais pas un vœu, pas un projet qui n'eût
pour base ma délivrance, mon retour dans ma
patrie, et ma réunion avec vous tous...... mais
Agnès.... Agnès..... que te dirai-je? c'était un
rêve délicieux, un de ces rêves si délicieux, mon
frère, qu'on craint de les voir finir, et qu'on en
prolonge la durée, quoique l'on sache que le réveil va nous apporter la liberté.

Et, malgré cette appréhension dont je ne me
rendais pas compte à moi-même, arriva l'heure
de cette liberté. Tu sais, Nangis, quel inespéré
secours les Chrétiens d'Asie reçurent tout à coup
d'une armée de Persans venus en Palestine sous
les ordres de Cazan. Victorieux à Emesse, ses
drapeaux furent vite rejoints par tout ce qui restait en Syrie des vieilles armées de la croix, héroïques débris attendant, à l'abri de quelques
châteaux-forts, le moment où ils pourraient ven-

ger leurs frères, ou mourir comme eux pour leur Dieu.

Les rois d'Arménie, de Géorgie, de Chypre, les ordres de Saint-Jean et du Temple, furent les premiers à ce rendez-vous d'honneur; et la chrétienté put espérer que la Terre-Sainte allait respirer, à l'abri sous la vaillante épée d'un allié généreux.

Alep ouvrit ses portes aux vainqueurs, et Damas, Damas où nous étions demeurés Agnès et moi, fut bientôt assiégée par le Persan et ses alliés. La ville ne fit qu'une courte résistance..... quels remparts eussent pu arrêter la fougue belliqueuse des chrétiens inspirés et guidés par la vengeance, par la présence d'un héros!

Admirateur des exploits de la milice du Temple pendant la défense de Ptolémaïs, j'en fus également le témoin dans la prise de Damas, et ce fut, je suis forcé de l'avouer, ce fut à son héroïque courage que nous dûmes notre délivrance. La haine et l'admiration, le dépit et la reconnaissance, livraient mon âme à d'étranges combats; mais ce n'était rien encore auprès de ce que je devais éprouver, de ce que j'éprouvai, mon frère, en reconnaissant dans le chef de ces hommes, dans celui qui venait briser nos fers, l'auteur de toutes nos infortunes, l'auteur du déshonneur de mon père, celui qui faisait qu'un fils — c'est horrible à penser! — ne savait plus prononcer le doux nom de mère qu'en rougissant! Oui, Nangis, oui, le neveu du templier Arnould de Vismale, templier lui-même, était devenu grand-maître de l'ordre..... c'était JACQUES DE MOLAY !

Ah! ce dut être un moment terrible pour lui, quand, pâle et triste comme le souvenir d'une faute, je vins, écartant ses palmes de victoire, faire retentir à son oreille le nom de ma mère, et lui demander ce qu'était devenue sa victime.

Je vis ce vainqueur si terrible reculer à ma vue, tressaillir en reconnaissant mes traits qui lui rappelaient ses égaremens, tendre ses mains suppliantes au faible jeune homme désarmé, et lui crier en sanglotant :

— Enfant, mes remords t'ont bien assez vengé! Et moi, je m'élançai sur lui.

— Qu'avez-vous fait de ma mère? m'écriai-je.

— Ne m'interroge pas!

— Q'avez-vous fait de ma mère?... Ah! Il faut répondre, voyez-vous ! car maintenant que j'ai trouvé l'homme que poursuit ma juste vengeance, il me reste encore une mission à remplir. Où est celle dont le nom vous a fait tressaillir comme un appel du cercueil?... je viens lui pardonner au nom de mon père! Grand-maître, c'est en mon nom que je te demande satisfaction des offenses faites par toi à l'honneur de ma race, et du tort que ta présence déloyale au château du Launoy a fait à moi et aux miens!

— Ta vengeance, enfant, n'atteindrait qu'un cœur déchiré de plus de coups qu'elle ne pourrait en porter. Donne-moi plutôt ma part de ce généreux pardon apporté ici à l'infortunée que je n'ose nommer, hélas! Si ses malheurs, si ses remords n'ont pas désarmé tout-à-fait la colère de son juge, une moitié de ce pardon, crois-moi, lui suffira pour achever de payer sa rançon... à moi l'autre moitié pour m'aider à supporter le poids de mes remords, et à traverser, sans en être accablé, les misérables jours qui me séparent encore du moment où j'irai la rejoindre!

— Ma mère est morte? m'écriai-je.

— Morte, reprit-il. Et voilà, ajouta-t-il après un moment de silence, et, comme s'il se fût adressé la parole à lui-même, voilà le fruit des

maximes d'un monde corrompu et moqueur.....
le mépris et le dédain pour la douce et obscure
paix des familles vont si bien avec le surcot bla-
sonné du grand seigneur! Oh! ce sont choses ri-
sibles vraiment, pour tout homme qui porte des
armoiries sur sa poitrine et des éperons de chevalier à ses talons, l'honneur d'un mari et la fidélité d'une femme! S'en moquer est la marque
d'un esprit hardi et fier; en triompher est le fait
d'un brave, galant et gentilhomme. Il n'y a pas
une harpe de trouvère, pas une bouche de chro-
niqueur qui ne se mette au service et à la suite
de ces nobles exploits, qui ne les préconise, et
ne fasse de la séduction un art dont se déduisent
et s'enseignent les leçons... Oh! que je voudrais
à ces lâches flagorneurs du vice qui les paie la
leçon, la terrible leçon qui me poursuivit jusque sous la tente du soldat, jusque sous la
croix du moine!... S'ils eussent vu arriver dans
la cellule où m'avaient conduit le repentir et
l'espoir d'étouffer de criminels souvenirs, s'ils
eussent vu arriver celle que leurs doctrines et ma
folie avaient perdue, s'ils eussent vu ses pieds
sanglans et déchirés, ses vêtemens en lambeaux,
ses traits hâves et décomposés par l'égarement de

la raison, sa maigreur de spectre; s'ils eussent
entendu ses chants et ses discours d'insensée,
étrangement mêlés aux paroles de la malédiction
terrible devant laquelle elle fuyait, auraient-ils
alors chanté la volupté, et célébré ces plaisirs
d'un moment que toujours, à les en croire, l'oubli
et l'impunité se plaisent à couvrir de leurs
ailes!

Et moi, ajouta-t-il encore, moi qu'un serment
enchaînait déjà à toutes les rigueurs d'un ordre
religieux, moi qui, par mes austérités, voulais
faire rougir mes frères de leurs lâches faiblesses
et de leurs déportemens, moi dont l'exemple, j'en
avais la prétention, devait amener la réforme du
Temple... quel démenti à mes paroles, à mes promesses! quelle honte, si l'on découvrait l'arrivée de
ma complice... Ah! dans cette position y a-t-il un
supplice comparable à celui de voir s'élever devant
soi l'accusation vivante et la faute incarnée!
Je l'entraînai loin de l'asile où la colère du Ciel
l'avait poussée; nous nous enfonçâmes dans le
désert: elle, avec sa folie, moi, avec mes remords;
elle, appelant son époux, ses fils, maudissant
son séducteur, et pleurant des larmes de sang,
quand, dans son sein, se soulevait le fruit de

son crime et du mien, moi, la servant comme un esclave, priant, pleurant et reconnaissant que ce n'est pas une faute légère, celle qui entraîne une pareille expiation !

— Elle ne se borna pas là pour ma mère..... elle est morte, et toi, tu vis !.... Tu ne l'as pas expié, ton crime, tu le vois bien ! m'écriai-je.

— Je ne l'ai pas expié, cruel ! Quelle mort n'eût été plus douce que cette terrible agonie dans le désert, quand, étendue sur le sable amoncelé par le terrible simoun qui grondait sur nos têtes, elle donna le jour à l'enfant de l'exil et du repentir... Je ne l'ai pas expié...! mais tu ne sais donc pas que je la vis expirer ensuite, que je creusai dans le sable, et de mes mains, sa fosse ignorée; que le premier berceau de ma fille a été cette fosse de sa mère, que je l'ai reçue dans mes bras sans un tressaillement de joie, que pas une larme de bonheur et d'espérance ne s'est mêlée à ses premiers pleurs, et qu'au milieu de ces cris d'enfant qui semblent reprocher au Ciel le don de l'existence, il n'y a pas eu une voix d'homme, une voix de père pour dire : Merci, mon Dieu, merci! Je ne l'ai pas assez expié, ce crime, dis-tu?... mais ma fille elle-même, deux ans après, ma fille, confiée aux soins d'un écuyer chargé de la reconduire en Europe, périssait au sein des flots.

— En vue de Ptolémaïs, le jour même de la ruine de cette malheureuse cité? m'écriai-je, et cet écuyer était un Africain?

— Oui, me répondit-il. Enfant, étais-tu donc sur le navire qui portait la duchesse de Bretagne et sa fille?... El-Mod'hy m'a parlé d'un passager qui aborda avec lui un rocher au milieu de la mer... ce passager, serait-ce toi? vas-tu me confirmer aussi la mort de ma pauvre Clotilde?

Je lui racontai ce que je savais, ce que j'avais vu de cette catastrophe, et ce qui avait suivi notre naufrage.

— Ainsi, m'écriai-je ensuite, cet enfant que je ne pus arracher à la mort, c'était ma sœur?...

— C'était ma fille, reprit Molay, et je vis briller des larmes dans ses yeux; c'était ma fille, continua-t-il en se frappant la poitrine, car le Dieu de vengeance avait résolu de châtier jusque dans son fruit notre passion criminelle.

—Ainsi donc, grace à toi, je n'ai trouvé ici que deux tombes... une autre, peut-être, m'attend aussi en France... si, sur celle de ma mère, j'ai apporté le pardon, sur celle de mon père je veux apporter mon épée teinte de ton sang.... Quand te battras-tu avec moi ?

— Écoute, Gauthier, me répondit-il froidement, écoute-moi ! En reprenant les armes, j'ai fait le vœu de ne tirer mon épée que pour la défense de la Terre-Sainte et contre les Infidèles... Dans un an, jour pour jour, la durée de ce vœu sera accomplie ; trouve-toi en France, à cette époque, en Normandie... j'y serai ; et, sur la bruyère de Naufle, je te rendrai raison des griefs que tu as à me reprocher.... Un an, Gauthier, y consens-tu ?

Chrétien, et connaissant toute la sainteté d'un vœu semblable, persuadé d'ailleurs qu'il ne manquerait pas à sa parole, je consentis à ce délai.

— Hé bien ! soit, lui dis-je en lui tendant la main et en lui présentant mon gantelet comme gage de combat, dans un an, en France, en Normandie, sur la bruyère de Naufle !

— Et en attendant, va, retourne près de ton vieux père, reprit-il avec une gravité si douce et si triste, que, malgré moi, je me sentis attendri, conte-lui ce que tu as vu et appris ! Dis-lui combien le Ciel a pris soin de le venger ! N'oublie rien de nos malheurs, de nos remords; attends sa réponse, et viens me chercher où je t'ai dit... tu m'y trouveras... Adieu!

Je ne le revis plus que pour lui demander des renseignemens positifs sur l'endroit où il avait enseveli ma pauvre mère; car, pour croire accompli le vœu fait à mon père, il fallait que j'eusse prié sur cette fosse, et que là, j'eusse répété les paroles qu'il m'avait dites. Accompagné d'un chapelain qui devait bénir ce coin de terre et réciter les prières dont cette sépulture avait été privée si long-temps, escorté de quelques hommes d'armes chargés de protéger notre excursion, je partis après avoir fait mes adieux à Agnès.

Instruit par l'écuyer du grand-maître que la fille de la duchesse de Bretagne vivait encore, mais qu'elle était prisonnière des Sarrasins, un noble Breton, Jocelyn de Beaumanoir, était venu à la tête de quelques tenanciers guerroyer en Palestine, pour délivrer la fille de son suzerain. Et maintenant, remise entre les mains de Beaumanoir, l'orpheline allait partir pour retrouver ses sujets et sa couronne de duchesse qui l'attendaient. Elle était déjà dans un grand et beau navire pavoisé aux couleurs de sa maison; et un rempart infranchissable, la différence des rangs et des fortunes, s'était élevé entre la fille des rois et le pauvre gentilhomme normand !

Après un long silence, Gauthier termina ainsi son récit :

— Les diverses chances de la guerre retardèrent si long-temps, ô Nangis, l'exécution de mon projet et mon retour en France, que nous touchons presqu'à l'époque fixée pour ma rencontre avec le templier. Maintenant, il faut le dire, mon frère, je comptais sur toi pour terminer cette aventure à la plus grande gloire de notre malheureuse maison; car j'espérais te trouver sous une armure de chevalier, et en état de combattre, avec plus de chances que moi, le formidable ennemi de notre famille.

— Frère, sois tranquille! s'écria Nangis en tendant la main à Gauthier, si tu as compté sur moi, tu as bien fait; je suis de moitié dans tes projets de vengeance, et je suis heureux que l'exécution en ait été remise au moment où nous serions réunis... tu t'es engagé en mon nom comme au tien, frère; et voici, ajouta-t-il, en retroussant les manches de sa simarre et en découvrant les formes saillantes d'un bras d'athlète, voici qui te répond qu'on peut faire honneur à l'engagement. Dieu nous soit en aide ! Si tu as promis de bons coups, ils ne feront pas faute à l'échéance. Quand tu auras trouvé l'ennemi de notre maison, amène-le-moi, et tu verras que je suis digne d'être ton frère..... Cependant il se prépare tel événement, je ne puis te le cacher, qui pourrait m'arracher inopinément de ces lieux... n'importe, je saurai toujours te faire dire l'endroit où tu me trouverais, si tu avais besoin de moi !

— Et où donc as-tu l'intention de te rendre, Nangis ?

— A Paris, mon frère ; et qui sait ? à la cour, peut-être.

— Et qu'y faire ? Crois-moi, Nangis, la science serait mal venue au milieu des intrigues et du bruit de ce pays que tu ne connais pas encore. Ah ! si cette science t'avait fourni les moyens de faire de l'or, ajouta le croisé en souriant, je ne parlerais pas ainsi ; car alors tu serais le bienvenu au Louvre ! Certes, le roi Philippe paierait cher ce secret qui le dispenserait lui et son ministre Marigny d'altérer, tous les ans, la valeur

de ses monnaies, et de persécuter les débris errans de Benjamin et de Juda! mais comme tu
n'as pas fait encore cette heureuse découverte,
reste, frère; reste dans ta tranquille retraite! La
cour du présent roi des Français est un lieu
peu séant à la candeur d'une ame comme la
tienne, d'une ame qui doit être pure, puisqu'elle
se plaît à rester en face d'elle-même, dans les
longues heures de la solitude. Et quel triste
spectacle t'offrirait cette maison de roi, avec ses
discords, ses trahisons de toutes les nuits, ses
agitations criminelles et ses orgies sans fin?
Philippe-le-Bel fera faire un pas immense à la
royauté; mais il faut un dur et continuel travail
pour la dégager de ses langes et pour la montrer
ennemie implacable et terrible à ceux qui osent
toucher à ses droits, qu'ils aient à la tête une
thiare de pape, une couronne féodale, ou l'armet
du Flamand en guerre. Toutes les forces de
l'homme servent au roi; il n'y en a plus pour le
père, et celui qui sait si bien assurer l'ordre dans
l'État ne sait ou ne peut pas réprimer les désordres de sa famille... Chose étrange! quiconque
met en doute son pouvoir et la dignité de sa couronne tombe atteint par sa vengeance; l'éloi-

gnement même ne met personne à l'abri de son ressentiment implacable; et, près de lui, tout près de lui, des fils, des brus entachent ce pouvoir, et compromettent cette dignité par des déportemens qui restent impunis !

Ses fils, ajouta le croisé, font montre de l'abandon où ils laissent leurs jeunes femmes... Perdus, durant les jours, dans les hautes futaies de Vincennes, qui retentissent du bruit de leurs longues meutes et de leurs palefrois superbes, on ne les retrouve qu'à l'heure des banquets, couronnés de fleurs, couchés dans les plus riches fourrures de vair et d'hermine, parmi les vases d'or, au milieu de parfums renversés, et sur le sein nu des courtisannes juives ou bohêmes !

Et leurs épouses, pendant ce temps, profitent, de leur côté, des libertés de ces étranges hymens. Que ne peuvent inspirer à des femmes puissantes par leurs attraits et leur richesse l'injuste oubli de leurs époux et le désir de s'en venger? Peutêtre ne suis-je ici que l'écho de ces calomnies qui s'attachent aux grandeurs du trône; mais on parle de leur goût passionné pour les émotions que procurent les chances et les périls des déguisemens mystérieux. On dit, mon frère, que, dans quelque lieu qu'elles portent leur ennui, il ne tarde pas de se trouver là une dupe et presque toujours une victime de leur amour désordonné pour l'intrigue et les agitations de la coquetterie et du plaisir.

— Je l'ai entendu dire ainsi, reprit Nangis en soutenant sans sourciller le regard scrutateur dont son frère accompagna ces derniers mots, et je m'étonne que quelque joyeux compagnon ne les ait pas encore guéries, ces belles princesses, de leur goût pour les aventures, en en faisant son profit.

— Comment l'entends-tu, mon frère? dit Gauthier; crois-tu donc en effet qu'il y ait un moyen... mais je dis un moyen honorable, Nangis, un moyen à la disposition d'un véritable gentilhomme, pour exploiter à son avantage le goût de ces femmes égarées?

— Moi! non, en vérité, dit Nangis brusquement. En disant cela, il se leva et s'approcha de la fenêtre. La vallée se rembrunissait, et les arbres de la colline étaient dorés à leur pointe par un rayon de soleil couchant. Le matin, Jeanne était venue lui parler plus mystérieusement que de coutume; et un mouvement d'impatience bien visible lui faisait battre des doigts les verres coloriés de la fenêtre en ogive.

— Regardez sous vos doigts, mon frère, reprit sévèrement le croisé, c'est la devise de notre maison : *Tâche sans tache*. Ne la perdez pas de vue, Nangis ; elle est plus nécessaire à celui qui veut reconstruire l'édifice d'une grandeur injustement tombée, qu'à celui qui fut le premier à l'élever. Oui, frère, c'est là qu'est le danger, et des dépossesseurs injustes font pire chose que de vous ravir vos biens, quand leur exemple vous ôte tout scrupule sur le moyen de les recouvrer.

— Tu parles admirablement, dit Nangis, et, quand je voudrai de la morale, certes je n'irai la chercher ailleurs qu'auprès de toi, mon frère.

— Tu feras comme moi, reprit Gauthier en lui tendant la main, comme moi qui viendrai te trouver quand j'aurai besoin de force pour venger l'honneur de notre maison.

— C'est cela, frère, répondit le jeune homme avec un sourire forcé, toi le conseil, et moi l'exécution? ici la tête, et là le bras... Nous ferions un homme complet avec cet arrangement; n'est-ce pas ce que tu penses, Gauthier?

Gauthier remarqua que l'impatience de son

frère croissait avec la nuit; pour savoir jusqu'à quel point ses soupçons étaient fondés, il lui annonça brusquement sa résolution de se rendre, le soir même, au village prochain. Il y avait laissé son cheval; d'ailleurs il avait une prière et des larmes à porter sur le tombeau de son père; il voulait savoir aussi ce qu'était devenu l'ermite des Quatre-Chênes : tous ces motifs expliquaient son départ précipité.

Le jeune savant les accueillit sans les discuter, et, avec une satisfaction mal déguisée, il fit promettre au croisé qu'il reviendrait passer quelques jours avec lui, avant de reprendre le cours de sa vie errante.

— L'emprise, ajouta-t-il, qui n'a point quitté ton bras m'apprend, mon frère, que le moment du repos n'est pas encore venu pour toi, et qu'il te reste encore quelque vœu à accomplir?...

— Oui, dit Gauthier. Lorsque je me fis river cet anneau de fer au bras en signe d'engagement, je n'avais autre but que de remplir la promesse faite à mon père mourant; mais depuis je me suis fait à moi-même une autre promesse, j'ai prononcé un autre vœu... Écoute, Nangis ! Quand je me mis à la recherche de ma mère, de ma mère dont le bien avait été extorqué par les Templiers, de ma mère séduite et enlevée par un affilié des Templiers, que je sus ensuite être devenu templier lui-même, je cherchais partout les traces de ces hommes, et, pour arriver à elle, c'était d'eux que je m'informais.

Si, par hasard, entré dans la cabane d'un pauvre bûcheron pour y prendre un chétif repas, je prononçais le mot du *Temple*, aussitôt je voyais pâlir toute la famille effrayée; je voyais le père regarder autour de lui, comme s'il craignait que quelque suppôt de cet ordre redoutable ne fût là, invisible et muet; puis, je l'entendais me dire avec mystère : Oh! Seigneur, ne craignez-vous point d'attirer la foudre sur notre toit de chaume? Savez-vous qu'ils sont bien à craindre ceux que vous venez de nommer là! Ce sont gens en correspondance avec tous les mauvais esprits. N'en dites point de mal ici, nous vous en supplions, Messire! Quoique nous ayons, à notre chevet, tout ce qu'il faut pour déjouer les ruses du malin, eau bénite et rameau de Pâques fleuries, nous redoutons ceux qui sont en communication aussi directe avec l'enfer.

Dans les châtellenies, en demandant aux châ-

tclains s'ils n'avaient point connaissance des dé-
prédations, félonies et secrètes orgies du Temple,
j'ai souvent reçu cette réponse terrifiante : Jeune
homme , nul ne peut, sans craindre de perdre
la vie , parler du Temple et de ses mystères!
Croyez-moi, si vous avez quelque chose à démê-
ler avec les blancs-manteaux , si vous leur avez
fait insulte ou qu'eux-mêmes vous aient offensé ,
ce qu'ils oublient encore moins, remettez au
plus vite votre épée dans le fourreau , et tâchez,
si cela est possible , de trouver un lieu assez retiré pour que jamais aucun d'eux ne vous y dé-
couvre... Car, fussiez-vous notre hôte, et notre
ami, réfugié à l'abri de nos bonnes et fortes tours,
et que tout à coup le cor d'un templier vînt à
retentir pour nous sommer de vous livrer à
la vengeance de l'Ordre, nous regarderions à
deux fois avant de crier du haut des remparts :
Passez, passez, Messire, ceux que nous proté-
geons sont à l'abri des poursuites du Temple!

J'ai interrogé clercs et savans d'Europe, et
ceux-là m'ont répondu : Ne croyez voir en Palestine la Templerie véritable; en Palestine est
la parure de l'Ordre, la dorure du monument;
mais en Europe sont le cœur et la vie ; c'est là

qu'ils reconnaissent divers degrés d'initiation;
c'est là qu'ils concentrent dans un conseil suprême leur impénétrable secret; c'est là qu'ils
s'encouragent pour arriver à ce but mystérieux
que peu d'entr'eux aperçoivent au loin, et vers
lequel tous dirigent pourtant les forces de leur
Ordre. Quel est ce secret?.. bien habile qui saura
le découvrir; il siége dans quelques fortes têtes...
jamais le vent qui passe n'en a entendu une syl-
labe, jamais le burin, la plume, le crayon, n'en
ont tracé un mot. Ce but, ce secret, on peut
le pressentir et le deviner par leurs œuvres, mais
le savoir et le prouver, jamais!

Voilà ce que disaient les prud'hommes de franchise, noblesse et science; et moi, Gauthier, je
jurais intérieurement que la connaissance de ce
secret, achetée par moi au prix de tous les périls,
servirait, un jour, à démasquer des intrigues
odieuses, à me venger, moi et les miens, d'un
ordre impie et corrompu, et à délivrer la terre
du fardeau de ces oppresseurs haïs des grands
et craints du peuple!

Oui, Nangis, voilà quelle tâche je me suis
imposée, moi, chétif; voilà l'entreprise gigan-
tesque que je veux mettre à fin, quand j'y devrais

laisser ma tête. J'ai vu en Égypte l'emblême de ma résolution et du sort qu'elle peut avoir : les monstres qui se cachent dans les roseaux du Nil, attirent sur leurs pas un ennemi impitoyable; soit vengeance, soit fascination, l'être débile s'attache aux pas de sa formidable victime, et il n'a de paix que lorsqu'il est parvenu à se glisser vivant dans ses entrailles. Il meurt alors, mais son ennemi meurt aussi... Que le Temple m'ouvre ses abîmes d'iniquité, et je m'y précipite, pour en sonder la profondeur, et y porter la vengeance, au prix de ma vie! Oui, Nangis, si jamais, en regardant ce bras, tu n'aperçois plus ce métal qui le presse, dis-toi : Le Temple n'a plus de secrets pour Gauthier !

Nangis répéta à son frère qu'il était tout prêt à l'assister d'une manière honorable dans l'affaire dont, depuis si long-temps, il poursuivait la conclusion.

Après cela, le croisé partit. Nangis le conduisit jusqu'à la petite porte qui donnait sur le ravin.

— Adieu, Nangis, lui dit Gauthier. *Tâche sans tache!..* Je voudrais que l'écho de ces vieux murs te répétât sans cesse ce noble cri!

1.   12

— Frère, ne crains rien... c'est quand on ne réussit pas que la tache est à craindre; mais le succès, crois-le bien, est une bonne lessive... On ne voit jamais de tache, Gauthier, sur un manteau de triomphe.

Les deux frères se séparèrent; la porte se referma. Gauthier fit quelques pas loin des ruines, et franchit le revers du fossé; puis, tout à coup, il s'arrêta, tourna à droite, et, en se cachant derrière des touffes d'arbres, il se rapprocha du manoir ruiné.

C'est que l'apparition fantastique de ces trois dames dont la barque dorée suivait le fil de l'eau, lorsqu'il attendait, sous les saules, le conducteur du bac, avait produit un singulier effet sur cette imagination impressionnable. Il se rappelait leurs paroles; il lui semblait que ces paroles ne pouvaient s'appliquer qu'à Nangis; et il lui semblait aussi que, quand Nangis parlait avec tant de dédain des femmes et du parti que l'on pouvait tirer de leurs inconséquences, il faisait allusion à ces trois dames. Il avait saisi quelques uns des mots de tentation que Jeanne était venue, le matin même, jeter à l'oreille de son frère, et, rapprochant tout cela de l'impatience, du contentement de celui-ci en le voyant, lui Gauthier, s'éloigner, il se demandait si un nouveau malheur ne menaçait pas l'un des restes de sa triste maison ; il se demandait si l'imprudent Nangis n'était pas le jouet de ces enchanteresses dont il signalait tout à l'heure les excès.

Pour le sauver d'un péril que son ame malade et tourmentée assombrissait encore, et dont elle se faisait une nouvelle obsession, il s'était décidé à rentrer dans le château où son frère se croyait seul.

LIVRE TROISIÈME.

LES BRUS DU ROI.

CHAPITRE I.

Il y a souvent, chez les êtres doués d'une organisation très-délicate, une finesse exquise de perceptions. Ainsi Gauthier avait, sur de légers indices, deviné la disposition d'ame de son frère et pressenti que le château ne resterait pas désert durant tout ce jour.

En effet, trois femmes se dirigeaient en ce moment vers les ruines du Launoy, et ces trois femmes étaient celles que nous avons vues passer un soir sur la Seine : ces trois femmes étaient les brus du roi.

C'était Nangis qu'elles allaient voir et consulter, Nangis le savant, Nangis, dont la réputation
de sorcellerie s'était répandue dans le pays, depuis qu'on le voyait habiter seul ce château,
hanté, disait-on, par tous les mauvais esprits
d'alentour.

De tous ces mauvais esprits, Jeanne était le
seul qui fût visible; c'était elle aussi qui avait le
plus contribué à fonder la réputation d'habileté
et de magie que Nangis s'était acquise.

C'était elle qui, par le moyen de la petite Alboflède, avait fait naître dans deux de ces femmes
qui nous occupent en ce moment un désir im-
modéré de connaître cet homme mystérieux, et
d'obtenir de lui quelque preuve éclatante de sa
science et de son pouvoir.

Marguerite, la plus grande, la plus imposante
des trois, Marguerite de Bourgogne, la première
des brus du roi, s'est mise en route pour demander au savant la révélation des mystères de
la tombe.

Superstitieuse et impie, crédule et méfiante,
cruelle et voluptueuse à la fois, Marguerite a laissé
dans l'histoire une tache de sang à la place de
son nom, et force nous est, malgré notre répu-

gnance à peindre des femmes d'une aussi atroce
démoralisation, de lui laisser, dans notre drame,
le caractère que les chroniques du temps lui ont
donné.

Or, dans le cours de ses déportemens sans
frein et sans voiles, elle n'avait jamais reculé
devant un nouveau vice à accueillir, devant un
nouveau crime à commettre.

Parmi les nombreux amans qu'attiraient autour d'elle sa beauté, sa puissance et ses mœurs
peu sévères, un d'eux avait su captiver l'attention, l'amour même de la princesse!..... Les
ménestrels de cette époque nous ont laissé dans
leurs chants le récit des malheurs de Radulphe
de Noirpont. L'imprudent ne sut pas prévoir où
le conduirait la passion d'une mégère, et bientôt,
soupçonné d'infidélité par Marguerite, il périt
lâchement assassiné par ses valets.

Et maintenant, brûlant d'une flamme coupable, elle songe sans cesse à l'homme qu'elle a
aimé ; sa jalousie, sans cesse renaissante, le poursuit au-delà du tombeau ; elle veut l'en faire
sortir pour apprendre de lui le nom de sa rivale.
L'infâme veut arracher de l'asile du pardon et

de l'oubli le nom qui doit diriger ses fureurs et ses nouvelles vengeances.

Blanche de Bourgogne, sa sœur, moins audacieuse, moins criminelle, mais aussi vaine et aussi corrompue, voit avec peine ses charmes, autrefois tout-puissans, s'effacer sous la trace des ans impitoyables. Elle espère trouver auprès du docte solitaire l'élixir que cherchent les hommes occupés du grand-œuvre, l'élixir qui doit changer en or le plus vil métal, et en florissante jeunesse la vieillesse la plus décrépite.

La troisième, vous la connaissez déjà, et nous voulons vous laisser, comme à celui qui va la retrouver après une longue séparation, le plaisir de la surprise.

Elle vient seulement, la pauvrette, savoir si le savant ne pourrait pas lui apprendre ce que lui veulent ces messages du Temple, dont elle est obsédée; elle vient lui demander si la magie ne possède aucun secret à l'aide duquel une femme puisse se faire aimer de son mari.

Arrivées au pied des ruines du Launoy, les trois femmes s'assirent sur une des énormes pierres répandues çà et là dans ce lieu, car leurs pieds délicats, peu accoutumés aux rudes et raboteuses montées, s'étaient déjà endoloris dans le court trajet qu'elles venaient de faire.

— Or çà, Mesdames, dit Marguerite après un instant de repos, au docte sire que nous venons consulter ici, tout pouvoir a été donné pour lire au fond des cœurs les plus secrètes pensées. Pas plus que moi, je suppose, vous ne seriez aises qu'on vînt dire bien haut ce que vous pensez tout bas; donc, chacune à notre tour... Comme l'aînée, je passe devant, laissez-moi, demi-heure durant, entretenir le clerc ou nécromancien, puis, venez.... je vous céderai la place.

— Ah! quant à moi, dit Blanche, point n'ai besoin de tant de mystère; mon secret est celui de bien des femmes : je veux être toujours belle et jeune... Qui de vous n'en désire autant?... Allez, allez, Marguerite, quand aurez fini, nous irons ensemble, ma sœur et moi, vous rejoindre.

Pendant que les femmes s'acheminaient vers le manoir, Nangis les attendait en se promenant avec agitation dans la grande salle.

— Gauthier est parti! disait-il, et me voici, moi, Nangis, maître encore de la place! Allons, allons, trève aux souvenirs des temps qui ne

sont plus! une seule pensée doit rester là...
Nous fûmes riches et puissans autrefois; profi-
tons du présent pour que l'avenir ressemble au
passé! voici l'heure des évocations, et cette
lueur qui, en bas, suit le cours du fleuve, est
pour moi ce qu'est, pour l'exorciste, l'éclair sil-
lonnant la terre d'où Lucifer va s'élancer... Elles
viennent! — C'est aussi une visite du démon
que j'attends! — que dis-je, du démon? de
trois démons, pardieu, démons en compagnie
de bien d'autres : ils viennent de la cour!
Et il faudrait renfort d'eau bénite et de cierges, pour que le mensonge, la coquetterie,
la traîtrise et l'orgueil, ne se glissassent pas ici à
leur suite.... Qu'ils soient les bien-venus! ils trou-
veront à qui parler, et j'ai ici un diable en état
de leur donner sur les griffes à tous : l'ambition!

Je veux être riche, moi aussi! moi aussi, je
veux être puissant! riche, pour satisfaire cette
soif de bonheur, de jouissance, qui m'altère; puissant, pour que rien ne résiste à mes vastes désirs...
et c'est ici l'enveloppe grossière où se passent
les mystères qui, de l'insecte rampant, vont
faire un brillant papillon.

Ah! quand brisera-t-il les liens qui le retiennent encore? quand ira-t-il s'enivrer des parfums de la vie opulente, et baigner ses ailes diaprées dans la clarté des fêtes, dans la vapeur des vins qui pétillent, au milieu des fleurs, dans cette douce odeur qui s'exhale des cheveux lisses, des beaux cheveux d'une femme couronnée de perles et de diamans!

A moi, jeune homme, à moi le vin, les femmes! A moi, jeune homme, le bonheur, la volupté, la vie!

Et je continuerais à les chercher dans ces livres...! Je n'y ai trouvé qu'un mot : Vanité! Je les chercherais dans ce fourneau! Il ne m'a jamais donné que de la cendre sur laquelle j'ai lu : Mensonge! — Mensonge, vanité, c'est là toute la science. — C'est le plaisir, peut-être aussi!... Et s'il en restait pire chose que de la cendre! Si le poison des remords se trouvait au fond de cette coupe que j'appelle avec tant d'ardeur... Ce retour de Gauthier... ce récit qu'il m'a fait, sont-ils un avertissement du Ciel? sont-ils le dernier effort de mon bon ange pour m'arrêter au commencement de cette voie où je veux m'engager...?

Et le jeune homme, la tête appuyée sur l'une

de ses mains, resta plongé dans une sérieuse réflexion. C'était en effet son bon ange qui parlait
à son cœur; mais à son oreille une autre voix se
fit entendre aussi. Il leva la tête : un mauvais
ange se tenait debout devant lui : c'était Marguerite .

— Mon docte et révérend maître , dit-elle en
s'approchant de Nangis et en le regardant avec
une sorte d'effroi que combat dans son esprit l'a-
mère ironie dont il est impreint.

— Marguerite ! s'écria-t-il en se levant et en
faisant un pas vers elle.

— Oui, Marguerite, dit-elle en s'éloignant avec
dédain ; puis elle ajouta avec plus de douceur :
Marguerite qui devance ses sœurs, simples bourgeoises comme elle, pour voir seule, un instant,
son savant maître!

Maintenant il y avait de la moquerie dans son
regard et dans sa voix.

— Simple motif de curiosité! dit-il en soupi-
rant.

— Désir de m'instruire en la compagnie d'un
aussi savant homme, reprit-elle en souriant.
Vraiment, continua-t-elle en l'examinant avec
une scrupuleuse attention, c'est beau d'avoir

quelques siècles avec un visage aussi frais, et d'être venu s'enfermer ainsi dans ce vieux château pour étudier!

— Et, si en m'enfermant ici, j'avais eu une autre intention, dit-il.

— Laquelle donc? reprit-elle en pâlissant et en s'éloignant brusquement de lui.

— Celle de vous y attirer, répondit-il en la regardant fixement.

— C'est là une folle pensée, s'écria-t-elle, une folle pensée, Monsieur, et qui ferait croire que vous connaissez.....

— Quoi? dit-il en jouissant de son embarras. Moi je ne connais rien que votre beauté.. et votre goût pour les sciences occultes, s'empressat-il d'ajouter.

—Et en effet, que vous importe, à vous, que je sois bachelette ou grande dame? dit-elle en se rapprochant. Grande dame ne suis, mon maître, ajouta-t-elle, et j'en suis fâchée pour votre science, si elle est ambitieuse d'hommages dorés; car c'est une simple et pauvre bourgeoise qui s'en vient, accompagnée de deux siennes sœurs, visiter l'homme des ruines, ainsi que l'on vous appelle... Or donc, à l'ouvrage! avant que les curieuses que je vous annonce ne soient arrivées. Ne voulez-vous pas faire ce que vous avez promis?.. vous vous êtes flatté devant moi que vous pourriez faire sortir un mort du tombeau.

—Vous savez à quelles conditions, Marguerite?

—Oui. Et si je les ai remplies ; si, pour vous, j'ai coupé une boucle de mes cheveux , dans la nuit, en répétant les mots que vous m'avez appris! si je remets ce gage de la main gauche, avec un carré de parchemin vierge portant mon nom tracé par moi, un vendredi, avec une plume tombée de l'aile d'un corbeau... si toutes les conditions ont été remplies, dites, tiendrez-vous ce que vous avez promis?

— Je le ferai, répondit-il avec assurance, pourvu que l'heure soit sonnée où les morts répondent à l'appel qui les éveille.

—Ah! l'instant est propice. Qui en doute! dit-elle en se rapprochant de Nangis avec un mouvement de crainte superstitieuse. Le soleil, depuis long-temps, est couché; il n'y a d'éclairé, dans cette salle si vaste, que la place où nous nous trouvons, et encore, ce rayon envoyé par la lune est si pâle, que votre figure et vos mains paraissent être de marbre... Avez-vous donc com-

mencé votre charme ? c'est que je viens d'entendre là... de ce côté, où la nuit est déjà si profonde,
un soupir, des pas, et comme le frôlement d'une
robe sur les dalles de pierre.

Et, sans répondre, le savant examinait, avec
une joie curieuse, les objets qu'on lui avait remis,
cette longue boucle de cheveux noirs serpentant
dans ses doigts, et ce nom isolé au milieu du parchemin mystérieux.

— Marguérite ! c'est bien cela, s'écria-t-il,
rien n'y manque !

Et il cacha les gages dans son sein.

— Et qu'en voulez-vous faire ? dit-elle avec un
air inquiet ; cela ne doit-il pas servir aux con-
jurations que vous m'avez promises ?

— Pourquoi parler de choses aussi lugubres, Marguerite ? pourquoi vous occuper de
morts, de tombeaux et de spectres, avec un cœur
si plein de vie... Tenez ! voyez, noble dame, votre
main est froide et vous tremblez...

— Mes gages, Monsieur, rendez-moi mes gages ! disait-elle en le repoussant, et d'une voix
émue par la colère.

— Moi les rendre ! plutôt mourir !

— Oh ! prenez-y garde, c'est un jeu dangereux,

que vous jouez là? Vous êtes un imposteur, Monsieur, que je saurai faire châtier comme il le mérite!... C'est assez jouer, dit-elle encore d'un ton qu'elle s'efforça de rendre plus doux. Et vous allez me rendre, n'est-ce pas, ce que, dans ma crédulité vraiment honteuse, j'ai préparé pour vous?

— Vous vouliez une apparition? dit-il gravement. Et, si je vous satisfais, qu'aurez-vous à demander?...

— Moi, rien, répondit-elle; mais je sais à quoi m'en tenir sur votre compte : à présent, vous ne pouvez remplir les conditions du marché, et vous allez en prendre les arrhes?

— C'est une apparition que vous demandez?.. eh bien! qu'il soit fait ainsi que vous le désirez.

En disant ces mots, il se leva lentement, chercha parmi ses fioles, et, après un instant de préparation, s'approcha du foyer. Aussitôt, une flamme bleue s'en échappa en tourbillonnant, et, à cette clarté imprévue, Marguerite vit la figure pâle du magicien et les bords d'une coupe d'airain d'où s'était épandue la liqueur jetée sur les charbons.

— Marguerite, qu'avez-vous vu? dit-il.

— Rien que vous, répondit-elle d'une voix

pourtant un peu émue, rien que la face du fourbe que je ferai châtier, ajouta-t-elle en revenant à ses soupçons.

— Point d'injures ! et regardez encore.

La flamme s'éleva de nouveau et monta cette fois jusqu'aux corniches de l'immense salle ; et, cette fois aussi, à sa lueur qui dura plus longtemps, Marguerite aperçut dans le fond une longue figure aux formes grêles et pointues, qui se levait lentement, couverte d'un drap funéraire.

Nangis l'aperçut aussi, et, disons-le, il ne fut pas le spectateur le moins surpris de cette apparition mystérieuse.

— N'est-ce pas assez? dit-il à Marguerite.

— Vraiment, répondit-elle, je ne serais pas difficile de me contenter de si peu : pour que je te croie, il faut autre chose qu'un drap blanc s'agitant dans la nuit. — Si tu es un spectre ! s'écria-t-elle, je t'adjure de me dire d'où tu viens.

— Marguerite de Bourgogne, bru du roi Philippe de France, toi qui oses m'interroger, répondit une voix lamentable, ne crains-tu pas que j'apporte d'étranges nouvelles du lieu où tant de gens sont descendus par ton ordre ?

13.

— Marguerite de Bourgogne! la bru du roi! s'écria Nangis.

— Tais-toi, sur ta vie, tais-toi! s'écria-t-elle.

Et Nangis sentit la main de la femme se coller sur sa bouche.

— Es-tu celui que j'ai si souvent appelé? reprit-elle en s'adressant au fantôme; prononce une fois le nom qui m'a fait si souvent tressaillir d'amour, de vengeance et d'effroi... Rien... rien. Je le disais bien : j'ai eu affaire à un fourbe...

N'entendez-vous pas, Monsieur? reprit-elle un instant après : ce sont mes sœurs qui viennent... Allons, allons! votre lampe, Messire, allumez votre lampe! Parce que nous sommes de simples bourgeoises, s'en suit-il, reprit-elle avec un rire forcé, que l'on doive nous recevoir dans l'obscurité?

La lampe est allumée. La porte est ouverte. Dans la salle du vieux château, les trois femmes sont réunies en présence de celui qu'elles viennent visiter.

La première arrivée, altière encore et dédaigneuse, parcourt l'extrémité de la salle où l'apparition s'est montrée; elle cherche dans tous les coins obscurs, alongeant le bras dans tout ren-

foncement pouvant servir de cachette, et ne le
retirant que lorsque la lame du poignard qu'elle
tient à la main; a heurté la muraille dans tous les
sens.

Il y a de ce côté une issue basse et cintrée qui
conduit dans d'autres chambres abandonnées;
elle pousse la porte qui cède au premier choc,
et, dans son double désir de savoir si elle est
prise pour dupe, et de frapper l'imprudent qui
a pu jouer avec son secret, le poignard levé, elle
s'engage dans les ruines.

Pendant ce temps, des deux femmes qui venaient d'entrer, l'une, la plus jeune et la plus petite, celle qui jouait, comme un enfant, avec les
roseaux, dans son trajet sur la Seine, reste as-
sise, pâle et silencieuse, loin de toute clarté, loin
de l'appareil magique dont s'entoure le savant.
Elle souffre de la fatigue du voyage, ou plutôt
elle songe aux conséquences que pourrait avoir
la démarche qu'elle fait en ce moment, et elle se
demande si c'est bien elle qui se trouve à cette
heure, dans ces lieux, et en compagnie de ces
femmes qu'elle connaît trop bien!

Sa compagne n'en est plus au premier embarras d'une aventure semblable. Elle tourne, mu-

guette et ricanne autour du jeune homme encore
pâle de la surprise que lui a fait éprouver l'issue
de la scène précédente.

— Hé bien! lui dit-elle en riant, hé bien,
révérend maître, où en sont vos travaux? l'avez-
vous trouvé enfin, l'élixir incomparable dont une
seule goutte...

— Peut changer les plus vils métaux en or?
reprit gravement Nangis en soufflant son fourneau.

— Oui, et conserver à celle qui possèdera un
flacon de cette merveilleuse liqueur une jeunesse
sans fin et des attraits impérissables.

— Et c'est là surtout ce que vous demandez à
la science, vous, ma jolie visiteuse? reprit le solitaire.

Et il activait la flamme de sa lampe pour
mieux la voir.

— Ai-je donc tort? dit-elle.

Elle écarta de son front, de ses yeux, de son
sein, les cheveux et le voile, dont les boucles et les plis en désordre cachaient son éclatante beauté.

—Oh! non certes..! A qui possède de tels tré-

sors, l'envie de les garder toujours est bien per-
mise.

— Voyons, dit-elle en l'interrompant et en
regardant, avec embarras, du côté où la femme
venue avec elle attend la fin de cette conversation, voyons un peu ce qu'il y a là dedans!

Elle indiqua le fourneau.

— Là, y a-t-il de l'or?.. Il n'y en aura jamais, reprit-elle avec un rire de moquerie, en
voyant que Nangis se taisait.

— Et, s'il y en avait, où pourrais-je le mettre?
dit le savant. Vous avez donc oublié qu'il faut à
ce métal de seconde création une bourse comme
celle que vous m'avez promise.

Le savant porta la main sur la chaîne au bout
de laquelle pendait, brodée d'or et de perles,
l'aumônière de la dame coquette.

— Chut! chut! et finissez, dit celle-ci en le
repoussant faiblement; y pensez-vous, docteur,
une escarcelle que je porte tous les jours, et
qu'à sa forme et couleur, bien des gens reconnaîtraient pour m'avoir appartenu; que diraient-
ils s'ils la voyaient entre vos mains?

Et, pendant ce temps, Nangis avait adroitement

détaché le petit sac de velours du crochet d'or qui en supportait la chaîne.

Elle fit quelques efforts pour le reprendre, mais la nature de la lutte et la crainte de donner l'éveil à sa compagne, lui fit désirer de la terminer promptement. Elle abandonna l'aumonière à Nangis.

— Au moins, dit-elle d'un air à la fois railleur et fâché, promettez-moi de ne vous en servir que pour mettre l'or que vous comptez faire, et je serai bien tranquille, car personne ne la verra jamais entre vos mains.

— Peut-être, répondit-il.

Dans le débat, l'antique réchaud, dérangé de sa base, avait chancelé; poussé, une autre fois, par le pied de la belle dépitée, il tomba, à grand bruit, avec le vase qu'il supportait.

Parmi les cendres, les charbons et les débris de ce réchaud, que si souvent il avait inutilement soufflé devant elle, quelque chose brillait, c'était comme des parcelles de métal.

— De l'or ! s'écria la femme.

— De l'or, répéta le savant dont l'accent n'annonçait pas une moindre surprise; c'est bien de l'or, ajouta-t-il après avoir dégagé des cendres

qui le recouvraient un lingot dont il s'empressa
de connaître le poids et d'éprouver la valeur.

— Hé bien! dit-il après un instant de silence,
l'aumonière m'appartient, et vous n'avez plus
le droit de me la redemander.

— De l'or! répéta-t-elle, c'est bien! vous avez
rempli la moitié des conditions imposées. Il y a
de l'or dans votre fourneau, docteur, c'est un
fait que je reconnais, sans vouloir en approfon-
dir l'origine; quant à l'élixir que vous m'avez
promis aussi, comme il me faudrait quelque
vingt ans encore pour en faire sur moi-même l'é-
preuve, il vous sera plus difficile de me montrer
en cela les effets merveilleux de votre science incomparable.

— A moins, dit-il, que vous n'ayez quelque
rivale à rajeunir... ce serait là une belle et généreuse action à laquelle je serais heureux de
m'associer pour la rareté du fait.

Il se baissa pour ramasser, parmi les cendres,
les parcelles d'or au loin dispersées. Le cri de
surprise échappé à Blanche avait attiré la jeune
femme qui, jusqu'alors, était restée à l'écart.
En relevant la tête, Nangis l'aperçut.

Elle se tenait calme et silencieuse devant la ta-

ble qui supportait la lampe. Son voile, chaste-
ment abaissé sur son front d'une inaltérable pu-
reté, l'entourait d'une douce et calme auréole.
Ses longues paupières avec leurs cils de soie, dont
l'ombre estompait légèrement la blancheur mêlée de bleu, qui tournait autour de ses grands
yeux voilés, la forme suave et pure de son visage, le calme sévère dont sa bouche, sans grimaces, portait l'inimitable cachet; ses lèvres
trop fraîches et trop naïves pour n'être pas can-
dides, la vive rougeur qui s'arrondissait sur ses
joues et annonçait, en renforçant leur coloris
habituel, la présence, dans cette ame ordinaire-
ment si tranquille, d'un sentiment qu'elle a rarement éprouvé, d'un sentiment puissant comme
l'indignation, le mépris ou la honte; tout, dans
cette figure pudique et virginale, contrastait
avec les attraits hardis et prononcés des deux
femmes venues en sa compagnie.

Le jeune homme céda au respect involontaire
que commandent l'innocence et la vertu. Un
mouvement dont il n'aurait pu se rendre compte
lui fit quitter son fauteuil; il se leva et se tint
avec un air de soumission respectueuse devant

cette jeune femme dont la dignité simple et
vraie était d'un effet si puissant sur lui.

— Et vous, Madame, dit-il d'une voix qu'il
fit la plus douce qu'il put, avéz-vous aussi quelque chose à me demander?

— Moi, répondit-elle avec cette naïveté qui
n'appartient qu'à l'innocence, je ne crois point
à votre science. Vous interroger serait vous
forcer de mentir, et, Messire, l'on commet bien
assez de péchés, sans en faire encore commettre
aux autres.

Cette réponse le piqua; l'amour-propre réveillé fit cesser ce mouvement de sa conscience
qui, à la seule approche de la vertu, l'avait fait
rougir de son rôle.

— En vérité, répondit-il à la dame, c'est d'une
bonne chrétienne! mais soyez tranquille, Madame;
il n'y aurait pas plus péché pour vous à me demander ce que vous avez perdu, à cette heure,
en vous promenant sur votre nef dorée, qu'il n'y
en a pour moi à vous remettre cette bague qui
doit remplacer le joyau tombé au plus profond
de la rivière !

Un mouvement de curiosité involontaire rapprocha la jeune femme du savant.

— Voilà qui est merveilleux ? s'écria-t-elle
en étendant la main pour prendre l'anneau.

— Tous les bouleaux seront blancs sur la
bruyère de Naufle, dit gravement Nangis, la
sixième nuit du mois d'Adar.

Et il laissa tomber la bague dans la main qu'on
lui tendait.

Elle resta immobile de surprise, les yeux fixés
sur cette bague. La phrase mystérieuse reten-
tissait encore à son oreille comme ce tintement
sans fin qui suit une explosion formidable.

En ce moment, un cri perçant s'éleva et re-
tentit de loin dans les ruines.

— Avez-vous entendu? dit l'autre femme, et
n'est-ce pas la voix de ma sœur qui nous appelle ?

— En effet, reprit Nangis, qu'est donc devenue votre sœur Marguerite ?... Marguerite! Marguerite! et, après avoir saisi un tison qui flam-
bait dans l'âtre, appelant toujours Marguerite,
il s'enfonça et disparut dans le corridor où le cri
s'était fait entendre.

La femme coquette accompagne ses pas; l'autre
reste là, immobile de surprise et perdue dans le
dédale de ses conjectures.

CHAPITRE II.

A peine Nangis et sa compagne furent -ils
éloignés, qu'un des amas d'armes qui s'élevaient
comme ornement de la grande salle se dérangea
lentement et découvrit une nouvelle issue de ces
lieux pleins de mystères.

Un homme, qui depuis quelque temps, était
là aux écoutes, avança d'abord la tête; assuré que
la place était vide, il s'élança légèrement dans
la salle..... C'était Gauthier, Gauthier revenu
pour savoir si ses appréhensions étaient fondées;
Gauthier, que les paroles du fantôme avaient suf-

fisamment éclairé sur la réalité de ses craintes, Gauthier qui maintenant brûle de savoir de quelle bouche est sortie cette voix si pure, cette voix de femme qui l'a fait tressaillir en réveillant tant de souvenirs dans son ame.

— Agnès! s'écrie-t-il, quand, rapproché doucement de celle qui est restée immobile à la même place, il a reconnu sa figure éclairée par la lampe de Nangis, je ne me trompais donc pas, c'est Agnès!

Cette voix bien connue mit fin à sa rêverie; elle releva la tête.

— Gauthier! s'écria-t-elle en se jetant dans les bras du croisé.

Il la pressa sur son cœur, et posa un chaste baiser sur son beau front.

— Mon frère! dit-elle en rougissant et en le repoussant doucement.

— Ton frère, mon Agnès bien-aimée!

— Que j'ai tant demandé au Ciel, reprit-elle, et qui m'a tant manqué... et c'est ici, dans ces lieux ruinés et déserts que je devais vous retrouver, Gauthier?

— Agnès, Agnès! s'écria le croisé, pourquoi

ne suis-je plus toi pour vous ? Que s'est-il donc
passé, depuis le jour où, captifs tous les deux,
nous fûmes délivrés ensemble ? Mon Gauthier,
me disiez-vous alors, comment Agnès fera-t-elle
pour vivre loin de toi... loin de toi, Agnès;
vous disiez toi, alors.

— Oui... et qui plus que Gauthier méritait
alors ce nom d'intimité et de confiance ? Alors,
plus d'ami, de parens, plus de patrie pour la
pauvre Agnès! Si ces noms sacrés ont retenti à
mon oreille et parlé à mon cœur, à qui le dois-je?
à lui... Et vous, mon Dieu, si je n'ai point trahi
vos saintes lois, si je puis encore me dire la ser-
vante de Jésus-Christ, si un jour, un seul jour
ne s'est point passé au milieu des païens, sans
m'apporter les consolations et les leçons de votre
sainte croix, qui dois-je vous nommer dans mes
prières pour bénir l'auteur de ces saintes instructions? Lui, encore lui... Quel mal il y aurait-il à
lui dire ? Oui, Gauthier, je suis bien heureuse
de te voir encore auprès de moi!

— Du mal! Et ce mouvement qui vous fit repousser mes caresses de frère... Ah! je com-
prends, ajouta-t-il après un instant de silence, et

d'une voix émue, vous n'êtes plus libre... Ils vous ont mariée!

— Oui, dit-elle avec un profond soupir, oui, mon frère, ils m'ont mariée.

Il retira lentement sa main qu'elle avait prise en disant ces mots, et, après un instant de silence, il lui dit avec une tristesse douce :

— Il faut tout dire à votre frère... êtes-vous heureuse, au moins?

La jeune femme baissa la tête et pleura.

— Êtes-vous heureuse, Agnès? répéta le croisé. J'y pense, continua-t-il, sans attendre sa réponse; ces femmes dont je sais le nom et qui vous appellent leur sœur, l'hermine de ce manteau: ces riches tissus, ces bijoux... Vous-même, fille de prince... pardon, Madame, ajouta-t-il en fléchissant le genou, il a fallu toutes les préoccupations que me donne ma mauvaise fortune, pour ignorer encore que cette princesse de Bretagne qui vient d'épouser monseigneur Charles, le dernier des fils de France, est cette jeune Agnès avec qui je passai de si longues années de captivité et de souffrance!

Il resta à genoux; elle appuya sa blonde tête

sur l'épaule du croisé, et continua à pleurer en silence.

— Cela fait du bien, dit-elle, de pleurer en présence d'un cœur qui compatit à vos chagrins sans les connaître, en face d'un ami qui ne fera point de ces larmes un sujet de moqueries et de conjectures empoisonnées par la malice, la haine ou l'envie des cours.

Elle ajouta en sanglotant :

— Et pourtant, je ne sais pas pourquoi je pleure!... Ne suis-je pas princesse? ne suis-je pas la bru d'un roi puissant? mon époux, ainsi que son père, n'est-il pas salué du surnom de Beau? N'ai-je pas des vassaux, des flatteurs, des palais, de riches bijoux fleurdelisés, des couronnes dont je puis parer mes cheveux blonds? Ne dit-on pas quand je parais : Elle est digne d'être l'épouse de Charles-le-Bel! et je pleure, pourtant! Sais-je pourquoi? peut-être parce que je ne revois plus mon château de Bretagne, ses bois, ses landes, ses prés où je cueillais des fleurs pour demander à leurs feuilles arrachées si le jeune époux qu'on me destinait m'aimerait passionnément... Ó mes rêves, mes rêves de jeune fille, qu'êtes-vous deve-

nus? Pourquoi m'avez-vous toujours trompée?
Vous le savez, captive, c'est mon père que je
retrouvais le plus souvent dans mes songes, un
noble et vaillant chevalier, dont il était doux
de baiser les joues cicatrisées ou les mains
rudes et brunies, et sur lequel, avec un
secret et noble orgueil, j'aimais à m'appuyer,
moi, jeune et faible fille délaissée... Hé bien! ce
père si souvent rêvé, quand sonna l'heure de la
délivrance, je ne le trouvai pas! j'étais orpheline, et ce fut un étranger qui me réclama au
nom de mes fidèles Bretons.... O mon père, que
n'étiez-vous là, parmi tous ces vaillans hommes à
qui nous dûmes notre liberté? Vous rappelez-
vous, Gauthier, quand, du haut d'un minaret,
captifs tous deux, et tous deux appelant la victoire sur les armes des chrétiens, nous suivions
d'un œil inquiet et le cœur palpitant, les efforts
de nos libérateurs; vous rappelez-vous, comme à
chaque grand coup d'épée, je m'écriais involontairement : Oh! j'en suis sûre, c'est mon père
qui frappe! comme, à chaque cri de victoire, je
disais : C'est sa voix qui m'appelle! Vous souvient-il aussi comme j'applaudissais quand une
bannière, s'enfonçant dans les rangs ennemis,

traçait le sillon du vainqueur ! je m'écriais
alors, vous vous le rappelez aussi : Courage,
noble drapeau de mon père, qui viens chercher
Agnès et lui rendre la liberté...! Hélas! l'épée
qui faisait brèche dans l'armée des Infidèles, la
voix qui les épouvantait, la bannière devant laquelle ils fuyaient, tout cela appartenait au même
homme... et ce n'était point mon père, car j'étais
orpheline! et ce n'était point mon père, car
celui-là était membre d'un Ordre qui ne permet
pas au guerrier d'avoir des enfans pour se réjouir
et pour hériter de sa gloire. Quelle gloire! Gauthier, et quel homme! qu'il était beau, grand et
terrible à la tête de ses vaillans frères... Vous
rappelez-vous l'effet de ce guerrier blanc au milieu de la poussière et de la fumée épaisse et noire
des feux grégeois? A la pesanteur de ses coups,
à son immobilité au milieu des lances cherchant
à l'ébranler, au bruit formidable des glaives tombant de tous côtés sur sa cuirasse et son écu
d'argent, on eût dit quelque figure de marbre
descendue, à minuit, de son piédestal, et se jouant,
dans un tournois fantastique, des vains efforts que
font les lutins pour le désarçonner... Jacques
Molay... on le nomma ainsi devant nous... grand-

maître des Templiers... C'est le titre qu'on lui donnait alors... Oncques ne vis assemblage si brillant de vaillance et de prud'homie... Et c'est avec une indicible joie que j'ai appris son retour en France.

— Et moi aussi, s'écria Gauthier, plus qu'à vous, Madame, il me tarde de le retrouver! Mais vous parliez de vos songes toujours démentis.... Pauvre Agnès, aviez-vous donc rêvé aussi, à propos de l'époux qu'ils vous ont donné?

— Qui vous l'a dit! s'écria-t-elle; et une rougeur subite lui monta à la figure. Qui vous le fait croire, Monsieur? ajouta-t-elle avec le dépit d'un enfant qui craint de s'avouer à lui-même ce que sa naïveté a laissé pénétrer à un autre. J'ai un époux que j'aime, j'en suis aimée... Très-aimée, cela vous étonne?... Ne suis-je donc pas faite pour qu'il en soit ainsi que je le dis?

Elle s'était éloignée de lui avec un mouvement de colère.

Il se releva, croisa tristement les bras sur sa poitrine, et la regarda avec l'expression d'une vive douleur.

— La cruelle! s'écria-t-il, elle dit que je ne la crois pas digne d'être aimée! Elle le dit... et

de tant de douleurs dont ce cœur s'est fait le refuge, la plus poignante m'est venue de ce qu'il
ne m'est plus permis de m'en souvenir! Agnès!
Agnès trop regrettée, pardonnez-moi si je vous
ai offensée; mais, dites, est-ce ma faute, à moi, si
je vous trouve, vous, si bienfaite pour orner
une cour, habitant un manoir isolé de la Normandie? Et que voulez-vous que je pense de
l'amour d'un époux qui, au lieu de garder sous
son aile, de couver de ses regards un pareil trésor, le laisse s'éparpiller loin de lui, l'aban-
donne comme chose de peu de valeur, et ne
s'indigne pas, comme d'un outrage, à l'idée
que les gardiennes qu'il lui a librement choisies
peuvent le perdre, ou du moins en ternir l'é-
clat!

— C'est pourtant vrai! s'écria-t-elle avec un
redoublement de larmes; c'est pourtant vrai,
qu'il me laisse, sans s'inquiéter de la compagnie
de ces deux femmes... O Gauthier! ajouta-t-elle,
elle est donc bien formidable et bien généralement crue, cette voix de conscience publique
qui les poursuit et livre leurs noms à la haine
et au mépris de tous!

— La légèreté et l'inconséquence, répondit

tristement le croisé, sont sévèrement jugées dans les hautes sphères où se trouvent vos sœurs,... Se plaire et rester dans l'apparence du mal, c'est faire croire que l'on est dans le mal même,... et l'on y est bien réellement; car, dans le rang suprême, c'est un grand mal, Madame, que l'absence de dignité et l'oubli du respect que l'on se doit à soi-même! Un grand qui ne se conduit pas de manière à prouver aux petits qu'il se croit véritablement grand s'abaisse de lui-même à leur taille..... C'est comme l'innocence dans la compagnie du vice et de l'intrigue, ajouta-t-il plus tristement encore : elle ne peut rien pour les réhabiliter; ils peuvent tout pour la ternir !

— Je vous entends, et je n'aurais pas dû venir ici... Et pourtant, ajouta-t-elle après un court silence de réflexion, qui pourrait m'en vouloir si je cherche tous les moyens d'éclaircir le mystère de ces admonitions dont je suis poursuivie, de ces avis secrets qui m'étreignent partout, de ces messages qui m'arrivent sans que je m'explique comment et pourquoi. J'espérais trouver ici un docte vieillard, capable de m'expliquer ce qui m'étonne et m'effraie... voilà pourquoi je suis venue! Oh! qui me dira ce que l'on veut de

moi, et à quelles secrètes machinations on veut
me faire servir? Gauthier! qu'il me tardait de
trouver un ami, un véritable ami, à qui je
pusse faire part des inquiétudes, des soucis
amoncelés dans mon ame par les menées ob-
scures et mystérieuses qui semblent m'assiéger
et miner le terrain sous mes pas. Le premier,
vous connaîtrez cet effrayant secret : Menacés
moi et mon époux des plus grands dangers, si
je révèle jamais à qui que ce soit les termes de
ces sommations, je me suis tue jusqu'à présent. Pauvre étrangère, isolée au milieu de cette
cour, sans appui, sans protecteur, ajouta-t-elle
d'un ton de voix déchirant qui fit tressaillir le
croisé, ne devais-je pas craindre en effet de
choisir pour confident l'un des affiliés secrets des
hommes puissans qui m'appelaient à leurs con-
ciliabules ?

—Et quels sont ces hommes puissans ?

— Ceux, dit-elle en baissant la voix, et en regardant avec inquiétude autour d'elle, ceux
qui portent et adorent la croix ainsi faite.

Elle lui présenta l'anneau à elle remis par
Nangis.

— Les Templiers! s'écria Gauthier après avoir

reconnu la croix de l'Ordre gravée sur le chaton de cette bague.

— Elle mit son doigt sur ses lèvres, et répéta à voix basse :

— Les Templiers! il y a long-temps qu'ils me somment, dans leurs lettres, de comparaître devant eux; ils doivent m'apprendre enfin ce qu'ils veulent de moi, et quel est ce secret qui peut changer ma destinée. Chacune de ces admonitions a été accompagnée de l'énoncé des signes et des paroles qui devaient se joindre au dernier ordre à recevoir pour me présenter à leur assemblée. Hé bien! ces signes et ce mot d'ordre me sont parvenus ici par les mains, par la bouche du savant qui se cache dans ces ruines.

— C'est étrange! dit Gauthier.

— Ah! si je ne m'y trompe pas, continua Agnès, c'est bien la forme et les figures de la bague dont la présentation doit m'annoncer que l'heure du rendez-vous va sonner... « Les bou- » leaux seront blancs sur la bruyère de Naufle, » dans la dixième nuit de ce mois. » Ce sont bien les paroles qui doivent m'indiquer le lieu et le mot de passe de ce rendez-vous mystérieux.

— Les bruyères de Naufle, dit Gauthier;

mais c'est là que, moi aussi, je dois rencontrer un templier !... Que comptez-vous faire, Madame? reprit-il après un instant de silence, et en continuant à examiner la bague.

La réponse d'Agnès fut interrompue par le bruit que faisaient, en s'approchant de la salle, les deux femmes accompagnée de Nangis.

— Je ne veux pas qu'on me trouve ici, dit Gauthier.

Il se rapprocha de sa cachette. Agnès, en faisant un pas vers lui, s'écria :

— Je n'y resterai pas non plus! Gauthier, vous connaissez ces lieux, guidez-moi dans leurs détours... J'implore de vous assistance et protection ; je ne dois pas rester ici... Je ne le veux pas! Venez, reconduisez-moi sur-le-champ au manoir qui me sert de demeure. En route, nous examinerons ce qu'il convient de faire ; car, mon frère, ajouta-t-elle avec un sourire plein de douceur, Agnès veut toujours suivre vos conseils.

— Hé bien! venez, dit le croisé, et puisse votre ange gardien vous épargner les tristes conséquences que pourrait avoir votre imprudente démarche.

Marguerite, Blanche et Nangis, se montrèrent à la porte du corridor ruiné un instant après la sortie d'Agnès et de Gauthier.

— Et je vous soutiens, moi, disait Marguerite avec chaleur, que c'est une femme et non pas un spectre qui a fui mes poursuites... J'allais l'atteindre, et le cri qui vous a conduits sur mes traces était un cri de colère et de dépit, en voyant échapper à ma vengeance une curieuse, et quelque espion, peut-être, qui nous a suivies ici!

— Mais enfin, Madame, reprenait Nangis, n'avons-nous pas cherché ensemble ? Voilà plus d'une heure que nous parcourons tous les trois les détours de ces lieux abandonnés.

— Oui, reprit Blanche, s'apercevant de l'absence de l'autre femme, et notre sœur s'est ennuyée de nous attendre, à ce qu'il paraît... Voyez ; elle n'est plus ici... Elle aura rejoint notre escorte ; à moins, continua-t-elle en riant, qu'elle aussi ne se soit mise à la poursuite de quelque spectre.

— C'était une femme, vous dis-je, répéta Marguerite.

— Une femme ; mais où a-t-elle passé ?

— Vous le savez mieux que nous, Messire, répondit la femme altière avec amertume ; ce n'est pas au misérable jongleur, après avoir étonné Jean-Bonhomme avec ses tours, à lui montrer ce qu'est devenue la couleuvre qu'il a fait mine d'avaler, et comment est fait le poignard dont il s'est traversé le bras, sans répandre une goutte de sang.

— Des injures ! dit Nangis. O Marguerite, vous oubliez donc que je suis...

— Quoi ? dit-elle en l'interrompant avec colère ; vous savez, n'est-ce pas, faire sortir les morts de la poudre d'une tombe, et l'or de la cendre d'un fourneau... N'est-ce pas ce que vous voulez dire, Messire ? Allez, allez, nous savons à quoi nous en tenir sur ces connaissances... Là dessus, adieu... Et vous, ma sœur, venez !

— Un instant, mes princesses ! s'écria Nangis d'un air résolu, et en se jetant nonchalamment dans son fauteuil, vous m'écouterez avant de sortir d'ici. Il était une fois un roi, ajouta-t-il ; un roi...

— Ma nourrice, s'écria encore la dame rieuse, ne commençait pas autrement les contes qu'elle me faisait pour m'endormir.

— Il était une fois un roi, reprit Nangis sans se déconcerter, qui avait deux belles brus, dont le goût pour les aventures...

— Assez! assez, beau sire, dit l'autre femme, pâle de colère; nous connaissons vos faits et gestes, épargnez-nous vos dires.

— J'en suis fâché, dit le jeune homme en se redressant d'un air résolu; mais il m'importe que vous m'écoutiez, et vous m'écouterez : vous, Marguerite de Bourgogne, épouse de Louis de France, et vous, Blanche de Bourgogne, épouse de Philippe, comte de Poitiers!

— Qu'est-ce que cela veut dire? s'écria Blanche, devenue sérieuse; et qui peut lui avoir mis de semblables idées en tête?

— Venez, ma sœur, reprit Marguerite; c'est un insensé que nous ne pouvons écouter plus long-temps.

— Vous ne sortirez pas! Ah! c'est que, voyez-vous, pour vous retenir, j'ai là d'excellens talismans... Blanche, vous resterez; et, pour vous y contraindre, il me suffit de vous montrer cette aumônière, que quelqu'un, dont je tairai le nom, porte tous les jours, et que bien des gens reconnaîtraient s'ils la voyaient entre mes mains.

— Que Dieu me soit en aide ! s'écria Marguerite ; c'est votre escarcelle, notre sœur, qui est
entre les mains de ce malandrin !

— Et vous, Marguerite, continua Nangis,
vous ne vous en irez pas et vous m'écouterez,
si je vous en conjure par cette mèche de cheveux
dont la couleur?...

— Oh! là, là, notre sœur, s'écria Blanche à
son tour, les beaux cheveux noirs! je ne connais
qu'une femme à qui ils puissent appartenir ; et
cette femme, vous la connaissez mieux encore
que moi !

— C'est une infâme trahison! s'écria Marguerite.

— Non, c'est du bien joué! Vous mettiez en
doute ma science ; vous veniez ici pour vous
moquer de moi; tout à l'heure, l'une de vous ne
m'a pas épargné les sarcasmes et les injures...
Et maintenant, dites, de quel côté doivent se
tourner les rieurs? J'évoque les morts, comme
vous disiez tout à l'heure ; je fais de l'or ; je ra-
jeunis à vue d'œil ; j'ai le talent de me faire
écouter de deux femmes qui, si elles en avaient
le pouvoir en ce moment, me cloueraient à coups
de stylet les paroles au fond du gosier.... n'êtes-

vous pas contentes de moi, et refuserez-vous de m'accorder ce que j'ai à vous demander?

— Et que voulez-vous de nous? dit Blanche avec un ton d'indifférence où perçait le dépit.

— Ce que je veux de vous? répondit Nangis, je veux ce que vous pouvez me donner; ce que ma famille a perdu, ajouta-t-il avec dignité, par un arrêt injuste émané du trône sur les degrés duquel vous êtes assises; je veux la richesse, la puissance... C'est une restitution que je vous mets à même de faire, une injustice que je vous donne à réparer... Fâchez-vous, après cela! Vous êtes les brus d'un roi, vous êtes de riches et puissantes princesses, et moi, je suis un pauvre gentilhomme injustement dépossédé de l'héritage de mes pères, et j'ai compté sur vous pour réparer le tort dont la royauté s'est rendue coupable envers moi... Si je m'étais adressé à vous en simple et timide postulant, m'eussiez-vous seulement permis de vous réciter ma requête jusqu'à la fin?... j'en doute... Un malheureux qui se plaint... fi donc! c'est si commun et si ennuyeux! tandis qu'un alchimiste, un exorciste, un nécromancien! par la bague de Salomon, c'est bien différent... Qu'on s'en moque, ou qu'on y croie, cela vous aide toujours à dérober une heure à l'ennuî... Votre bon vouloir pour un pauvre gentilhomme sans fief, vassal, page, ni faucon, votre bon vouloir pour un jeune gentilhomme, reprit-il en voyant le mouvement d'impatience des deux sœurs, pour un jeune gentilhomme honoré de pareilles marques de votreconfiance, doit pourtant avoir un résultat !.. Vous savez qui je suis, ce que je peux ; ne voulez-vous pas me mettre à même de réclamer auprès de notre glorieux monarque mes droits et ma fortune injustement ravis ?... car vous saurez que mon intention bien formelle est de me rendre à la cour de sa majesté Philippe-le-Bel.

— Ah! dit Blanche avec un rire sardonique, c'est là votre intention bien formelle?

— Oui, dit Nangis, car je me sens tout ce qu'il faut pour y faire revivre glorieux et honoré le nom que m'a laissé mon père. Si je n'ai pouvoir sur les morts, j'ai bras fort et puissant pour résister aux vivans, pour porter la dague et la lance, et pour en défendre quiconque me les aurait confiées. Si je n'ai point en tête la science qui fait de l'or, la science qui rajeunit les femmes, j'ai présence d'esprit, hardiesse et courage

pour les òffrir à quiconque voudrait les employer;
et tout cela, Mesdames, est à votrè service.
Ne m'en veuillez donc point, mes honorées
princesses! Ce n'est point ma faute si vous êtes
venues ici attirées par la réputation que m'a
value ma vie solitaire; ce n'est point grande
faute à moi, si j'ai cherché ensuite à profiter de
votre erreur pour vous faire renouveler d'aussi
précieuses visites. Si vous ne trouvez point ici
les trésors de science que vous y veniez chercher, vous y trouvez l'occasion de faire une
bonne action et de réparer une injustice; vous y
trouvez, si vous voulez, un serviteur intelligent,
fidèle et dévoué, ce qui, dit-on, n'est pas, dans
les cours, chose commune.

— Et quelle place, dans notre maison, con-
viendrait à ce serviteur intelligent, fidèle et dévoué? demanda Blanche en ricanant, tandis
que Marguerite haussait les épaules de dédain et
de pitié.

— La place de sénéchal ou de premier
écuyer... car voilà qui me permettrait de tenir
le rang occupé par mes pères, et dont, je le
répète, je suis injustement déchu. Après cela,
si ces places sont données, je n'y tiens pas,

pourvu que l'on en créée une nouvelle pour moi...
elle sera bonne si elle me donne le droit de porter le velours et l'hermine, d'habiter un palais,
de commander à de beaux pages, de tenir haut
ma bannière, de faire grand bruit avec le cor de
mes écuyers, mes levriers, mon faucon et mon
palefroi.

— Mais c'est de la folie! s'écria la femme altière, mais c'est de la folie comme jamais il n'en
exista... et le silence le plus complet de notre
part devrait accueillir l'expression de ces ridicules croyances, de ces plus ridicules prétentions!... Je ne sais si quelqu'un ici, ajouta-t-elle
en jetant un regard courroucé sur Blanche, a
pu donner à cet homme le droit de traiter,
comme il a osé le faire, des dames, qu'elles
soient princesses ou bourgeoises, venues ici con-
fiantes en sa loyauté!...

— Moi, dit Blanche, autant que qui que ce
soit ici, j'ignore la cause du langage que nous
venons d'entendre! c'est par le mépris que j'y
réponds, c'est par le mépris que j'affronte d'injustes soupçons, s'il est vrai que j'en inspire à
quelqu'un, ajouta-t-elle en jetant un regard dé-
daigneux sur Marguerite. Si cet homme est fou,

qu'y puis-je faire?... C'est un fou, après tout, qui s'adresse à des folles! Il nous croit princesses! Nous l'avons bien cru, nous, un illustre savant, possesseur des secrets les plus merveilleux!... Qui se trompe? tous peut-être; mais admettons pour un instant la vérité de nos grandeurs et la réalité de sa science, ne peut-il se passer de nos bons offices? L'homme qui a des esprits à ses ordres a-t-il besoin de pages et d'écuyers?... il n'a qu'à dire un mot, ils reconstruiront pour lui ce château ruiné, et feront de ses débris la plus magnifique demeure qu'on ait vue depuis le temple de Salomon! Il nous demande des richesses... Eh! mon Dieu! n'a-t-il pas là un beau fourneau, un soufflet neuf?... Que lui faut-il davantage pour entasser plus de lingots que jamais Charlemagne n'en renferma dans ses coffres! Soufflez, mon jeune maître! soufflez toujours! Auriez-vous perdu le secret de ce bel or que vous m'avez montré ce soir?... Allez! allez! si nous sommes des princesses, vous êtes, vous, un savant en correspondance avec l'autre monde, et faisant de l'or sur celui-ci, ce qui vaut mieux! et, à ce compte, au lieu de nous en demander, ce serait à vous de nous en donner.

— Adieu donc, beau sire! gardez vos secrets et découvertes pour vous, reprit Marguerite; on n'y croirait pas, tant le monde est incrédule et railleur... et, si vous insistiez pour les divulguer, au lieu d'y trouver votre compte, vous pourriez bien en être le mauvais marchand; car, bourgeoises ou princesses, nous trouverions peut-être le moyen de vous fermer la bouche... Et, comme l'on dit en style de cour, que ce soit ou non notre langue, nous désirons, jeune homme, que vous le teniez pour bien entendu!

Et, après un salut plein de moquerie, elle rejoignit sa sœur qui déjà sortait du château ruiné. Réunies, mais gardant le silence, elles descendirent vers leur suite dont on vit les torches s'éloigner et se perdre dans les détours de la vallée.

15.

CHAPITRE III.

RESTÉ seul, et déconcerté du mauvais succés de son audacieuse sortie, Nangis eut de la peine à rappeler assez de sang froid pour apprécier la nouvelle position où le mettaient le résultat de tant de démarches faites pour attirer dans sa retraite les brus du roi, et la ruine de tant d'espérances.

— Véritable étourneau pris à la glu que j'ai eu tant de mal à apprêter ! s'écria-t-il enfin en se levant brusquement, et en jetant par terre sa

toque qu'il avait long-temps froissée entre ses
mains... Elles sont parties, elles s'éloignent, elles
me laissent à ma honte, à ma rage... Malédiction! malédiction! elles partent! et elles ne re-
viendront plus!... Avec quel dédain elles m'ont
traité, ces femmes! Leurs moqueries m'ont fait
plus de mal encore que leur colère... Elles ont
raison, après tout, je suis... je suis un maladroit.
— Oh! la vengeance, la vengeance! si je pouvais
me venger de ces femmes, les voir à mes pieds,
les repousser avec un rire moqueur!... ce serait
là une jouissance supérieure à toutes celles que
rêvent mes sens. — Ah! je suis bien le fils d'une
femme du Midi... c'est bien son sang qui coule
dans mes veines, qui m'embrase de cette double
soif de volupté et de vengeance..... Je me ven-
gerai! — Qui m'en donnera les moyens? La
science! — Après tant de travaux et d'efforts,
après avoir si long-temps étouffé toutes ces voix de
femme, tous ces bruits de fête et de plaisir qui
bruissaient à mon oreille, pour n'écouter que la
voix des sages, après avoir héroïquement re-
poussé toutes ces visions délicieuses qui m'eni-
vraient d'une fièvre d'amour et me cachaient de
leurs ailes, de leurs voiles magiques, les carac-

tères mystérieux sous lesquels la science a caché
ses secrets, serais-je enfin parvenu à la connaissance du grand secret?... — Ce n'est point
une illusion... un spectre s'est montré là, répondant à ma voix; et, des cendres éparses de
mon fourneau, j'ai retiré de l'or... il n'y a pas à
dire non, c'est de l'or! — le voilà, c'est de l'or,
plus que je n'en eus jamais en ma possession...
Demain je recommencerai le mélange éprouvé
aujourd'hui. — Ah! s'il me donne le même résultat! si l'or s'échappe encore, à mes regards,
du bienheureux creuset... tremblez, tremblez,
vous qui m'avez dédaigné, méconnu, outragé!...
— Demain! attendre demain! que c'est long! —
Ce soir, je puis encore recommencer cette évocation qui ouvre la tombe et secoue le linceul,
— Je puis m'assurer que je n'ai point été le jouet
d'une illusion, et que mon génie m'a donné cet
effrayant pouvoir. — Troubler le repos des morts...
sacrilége! — et qu'importe? ne suis-je pas le
jouet, la dupe, la moquerie de ces femmes...
Pour aider à ma vengeance, je m'adresserais à
l'enfer, et à ses puissances, si j'avais trouvé le
moyen de m'en faire entendre!

En prononçant ces paroles dont la véhémence

est à l'unisson de ses passions, l'insensé se prépare
à renouveler l'épreuve qui, il le croit, lui a réussi
une fois. Il rallume son brasier, dispose le trépied
qui doit en recevoir les charbons, et, versant dans
sa coupe la liqueur mystérieuse, il s'écrie :

— Allons! allons! vienne ici à ma voix, secouant la poudre du cercueil, et quelque terrible
que soit sa présence, le mort ou la morte dont la
dernière pensée a été toute de haine contre les deux
femmes qui m'ont outragé ce soir!... Je l'attends
pour l'associer à mes projets de vengeance! dans
l'état où l'ont mis les vers de la tombe, je l'adjure de venir!

Trois fois la liqueur répandue a fait monter
bien haut la flamme du foyer, et aucune apparition ne s'est présentée. A la quatrième épreuve,
il entendit rire à ses côtés... c'était Jeanne!

— Jeanne! s'écria Nangis déconcerté, en laissant tomber sa coupe.

— Jeanne, répondit la vieille, qui a quitté son
costume de fantôme, et qui ne comprend plus
rien à votre appel... y a-t-il encore quelqu'un à
tromper ici?

— Jeanne! c'est elle qui a répondu à ma première évocation et à la demande de Marguerite!

— Qui donc voulez-vous que ce soit, Messire?
Dites maintenant que j'ai mal joué mon personnage; je suis parvenue à tromper le trompeur
lui-même.

—Très-bien, dit-il avec découragement, et voici,
grace à toi, mes affaires en bon chemin!

— A qui la faute? Ne vous avais-je pas fait,
comme l'on dit au jeu de paume, la partie belle?
Mais bah! avec vous, c'est peine perdue! au lieu
de bien empaumer la balle, vous vous servez de
votre raquette pour casser le nez de vos joueurs,
et puis, après ce beau coup, vous vous étonnez
qu'ils vous plantent là!

— Et maintenant, que devenir? Il va falloir
quitter ces lieux où les sicaires de ces grandes
dames ne manqueront pas de venir bientôt pour
les venger... braves gens chargés par elles de
chercher à coups de dague, sur le corps du téméraire qui pourrait s'en servir, les gages
qu'elles-mêmes... C'était pourtant un coup de
maître, ajouta-t-il en arrachant de son sein, et en
jetant sur la table les objets qu'il avait obtenus
des deux sœurs, c'était un coup de maître, de
s'être mis en possession de ces preuves d'une

bienveillance qui n'a plus rien à refuser... Il y a
là de quoi les perdre, ces femmes... et elles me
dédaignent! et elles m'outragent! elles ignorent
donc que je puis... Je ne puis rien... rien! re-
prenait-il avec l'accent du désespoir et des larmes de rage dans les yeux, elles le savent bien;
et leur sécurité vient de ma misère... Pourtant, il
y avait de l'or dans mon fourneau... le voilà encore... le voilà! ce n'est pas une illusion... Tiens,
Jeanne, regarde! de l'or, te dis-je.

— Oui, de l'or, répondit-elle en prenant le
lingot avec un sourire qui voulait dire : Je sais
aussi ce que c'est.

— Ce n'est pas toi, pourtant, pauvre vieille
femme qui gagnes misérablement ta vie au bac
de Templeville, ce n'est pas toi qui as placé là
cet or?

— Et pourquoi pas? dit-elle en hochant de la
tête; je ne fais pas de l'or, moi, mais si je sais
où il y en a de tout fait, n'est-ce pas mieux encore?

— Où cela, où cela? s'écria Nangis avec trans-
port. O Jeanne! aie pitié de ton pauvre enfant!
Tu le vois, il est perdu s'il reste ici... Connais-tu
les moyens de l'en faire sortir, mais de l'en faire
sortir, Jeanne, autrement qu'en mendiant et

qu'en vagabond?... Tu parles d'un trésor, d'un dépôt d'argent? Je baise tes vieilles mains... tu es ma nourrice, tu seras ma mère, ma libératrice! Jeanne, si j'avais des richesses, nous ne nous quitterions plus, vois-tu bien! Tu viendrais avec moi, avec moi que tu aimes tant, tu viendrais à la cour, et je t'y donnerais le spectacle de mon bonheur, de la vengeance que je saurais tirer de ces femmes qui m'ont outragé ; car, pour moi, il n'y a plus de bonheur qu'à cette condition.

— Hé bien! s'écria la vieille avec cette sorte d'exaltation qui accompagne l'accomplissement d'un sacrifice, puisqu'il en est ainsi, puisque vous ne pouvez plus, hélas! rester ici; puisqu'il vous faut de l'or, beaucoup d'or, pour être heureux et pour échapper à la vengeance des brus du roi, suivez-moi... vous allez savoir le motif de mes fréquentes visites au château du Launoy.

Elle prit la lampe, et tous deux, sortant de la salle d'armes, suivirent le corridor que Marguerite avait exploré; mais bientôt elle introduisit le jeune homme dans des passages que celui-ci ignorait, et dont les issues étaient masquées, là, par une dalle de pierre tournant lentement

quand on plaçait le pied sur les figures des
armoiries qui y étaient tracées, ici par un
panneau de boiserie glissant sans effort, lorsque
la main avait pressé l'angle d'un cadre ou la
barbe d'une statue de saint, droite sous son dais
de pierre.

Ils parviennent ainsi dans les caves creusées sous
cette partie du château qui s'était écroulée à la
suite de l'incendie.

— Voyez, Nangis, disait Jeanne en cheminant lentement, en levant sa lampe, voyez
comme les souterrains ont été protégés par la
solidité des murs et des voûtes !

— Au trésor ! Jeanne, au trésor ! répondait
Nangis en la tirant en avant par le bras qu'il
avait saisi et qu'il pressait dans un mouvement
d'impatience.

— Plus doucement, plus doucement, mon
fils, disait la vieille tout à ses souvenirs, c'est
ici un lieu où je ne devrais me traîner qu'à genoux ; car c'est la voie du crime que j'encoura-
geai par mes lâches complaisances ; car il n'y a
pas une de ces dalles humides qui n'ait été pressée par des pieds courant à la perdition préparée

par moi ; car c'est par ce passage qu'à minuit,
j'introduisais...

— Au trésor, Jeanne, au trésor, reprenait
l'ambitieux sans l'écouter.

— Il doit être minuit à présent, dit tout à
coup Jeanne. C'est là, de ce côté, à cette
porte, reprit-elle en indiquant, à la lueur de la
lampe, les degrés d'un petit escalier terminé
par une porte de fer, c'est là que j'entendais le signal... Chut!.. écoutez! bien sûrement, ajouta-t-
elle d'un ton de surprise et d'effroi, c'est le hennissement d'un cheval que j'ai entendu à cette
porte !

— Au trésor, Jeanne, au trésor !

— Et j'étais là où nous sommes, quand je
vis venir, dans cette nuit de ruine et d'effroi,
celle qui s'enfuyait après sa condamnation... Il
fallait qu'elle se fût traînée sur ses genoux aux
pieds de son juge ; sans doute il l'avait repous-
sée, et elle était tombée par terre, car ses vêtemens blancs étaient souillés de sang et de poussière..... Ces taches, ses cheveux épars, sa
pâleur de morte, la torche incendiaire qu'elle
avait encore dans les mains, tout en faisait une
effroyable apparition.

— Au trésor , Jeanne, au trésor !

— Elle m'aperçut. O Jeanne ! s'écria-t-elle, ils sont maudits, comme je le suis, ceux qui suivent obstinément la voie où les poussent leurs passions...

— Au trésor, Jeanne !

— Ils sont maudits, les conseillers du mal, ajouta-t-elle, fais pénitence, et commence à mériter le pardon du Ciel, en remettant au maître du château cette clé...

La vieille femme, en répétant ces mots de la châtelaine du Launoy, sortit de son sein une clé rouillée. Naugis s'en saisit avec empressement.

Sans être distraite par ce mouvement, Jeanne continua :

— Là, de ce côté, à droite du quatrième pilier, reprit l'épouse fugitive, tu le sais, Jeanne, il y a un caveau où sont cachées les richesses qui appartiennent à mes enfans... veille sur elles, et qu'un jour... Elle n'acheva pas ; car cette porte qui conduit loin du château, du côté de la forêt, s'était entr'ouverte au haut de l'escalier, et, par l'entrebaillure de cette porte, une longue main , recouverte d'un gantelet noir, lui faisait signe de venir... Elle la vit comme moi, et devint encore plus pâle qu'avant, et pourtant, cédant à quelque étrange fascination, elle franchit rapidement les degrés, et s'élança hors du souterrain. Puis, la porte de fer se ferma avec un grand bruit; puis, j'entendis distinctement le galop et le hennissement d'un cheval qui s'éloignait au dehors, et des cris lamentables qui moururent aussi au bout de quelques instants.

En achevant ces mots, Jeanne s'aperçut, en tressaillant, qu'elle était seule dans l'obscurité. Son compagnon s'était emparé de sa lampe et la laissait dérouler toute seule l'écheveau de ses tragiques souvenirs. Il avait déjà compté les piliers; déjà il avait cherché et trouvé l'entrée du caveau indiqué par Jeanne.

Il venait d'y entrer, quand elle s'aperçut qu'il n'était plus près d'elle. Un cri qu'il poussa attira la vieille sur ses traces. Elle le trouva penché sur les coffres dans lesquels brillaient, entassés, les bijoux, les lingots d'or et d'argent, et une grande quantité de pièces de monnaie de toutes valeurs.

Enivré à l'aspect de cette fortune inattendue, le jeune homme dévorait de ses regards l'éclat de

ses richesses, faisait ruisseler les pièces d'or, les
perles et les pierres précieuses dans ses doigts.

— A moi! à moi tout cela! s'écriait-il d'une
voix étouffée par la joie.

Heureuse de cette joie, Jeanne, quelque temps,
jouit en silence de l'extase et des transports de
Nangis; puis elle lui dit :

— C'est pour vous, Nangis, que j'ai gardé ce
trésor, et que j'ai veillé constamment sur sa
conservation. Aussitôt que l'épouse du vieux sire
Guy m'eût confié cette clé, je fis tout bas le serment de ne la remettre qu'à vous, car c'est vous
que j'ai reçu dans mes bras, à votre naissance,
vous que j'ai nourri et sauvé, par mes soins et
mes caresses, des maux d'une enfance difficile et
souffrante; vous aviez tout mon amour, et à
vous seul, selon moi, devait appartenir l'honneur
de relever votre noble maison de ses ruines! O
Nangis, il est donc bien vrai que justice et passion ne peuvent se trouver ensemble…! Je vous
aimais trop pour n'être pas injuste; et puis, il
m'est peut-être interdit, à moi, de faire le bien,
sans mélange de mal. Certainement c'est bien,
n'est-ce pas, mon fils, d'avoir assidûment veillé

sur cet amas de richesses, d'être venue, dans
toute saison, au milieu des nuits, sans crainte
des esprits qui s'attachent aux trésors cachés,
m'assurer que ces coffres, ces sacs, étaient intacts, les regarder, les compter, et m'en aller
sans en emporter un denier, quoique souvent,
Nangis, il n'y eût pas de pain dans notre pauvre
cabane, et que nos nouveaux maîtres fussent
prêts à nous en chasser à coups de fouet, parce
que nous étions en retard pour le payement de
nos redevances. C'est bien, cela, n'est-ce pas? Et
pourtant, il y avait du mal à n'avoir point initié
votre père, votre frère, à la connaissance d'un secret si important pour eux! Que voulez-vous?
dans ma tendresse pour mon cher enfant, je crai-
gnais d'amoindrir sa part; je me disais : Il est absent ; songera-t-on à lui dans l'emploi qu'on va
faire de ces richesses ?... Je connais l'entêtement
du vieux sire Guy et de son fils; dans leur ressentiment contre leurs voisins, ils vont tenter
tous les moyens de les attaquer. Nos seigneurs du
Temple sont riches et puissans; l'or que je rendrai sera bien vite dissipé dans les poursuites di-
rigées contre eux, et quand mon Nangis reviendra, il ne trouvera rien, rien de cette fortune que

je serais si heureuse de lui rendre! Ces raisons,
avec lesquelles je cherchais à combattre les murmures de ma conscience, furent plus fortes
qu'eux, et je me contentai de distraire du trésor
enfoui les sommes nécessaires pour subvenir aux
besoins du vieillard confiné dans ces ruines; je
fournis ainsi à votre frère les moyens de faire
son voyage d'outre-mer, et j'avoue même que je
ne fus pas fâchée de le voir s'éloigner du château.
J'ignore comment, dans ses recherches actives et
répétées, cette retraite a pu échapper à ses regards. Vous comprenez, Nangis, que s'il eût
mis le premier la main sur le nid...

— Oh! je ne crains rien, s'écria vivement le
jeune homme; Gauthier eût fait ce que je ferai,
il m'eût scrupuleusement gardé ma part.

— Ainsi votre intention...

— Cher Gauthier, continua Nangis sans répondre à la vieille, quel bonheur, quand il
reviendra, de lui dire : — Frère, nous sommes riches, maintenant. Tiens, tiens! tu possèdes la
moitié de tout cet or qui t'éblouit!

— Noble cœur, héroïque jeune homme! s'é-
cria Jeanne en essuyant une larme d'admiration.

Dans cet oubli de tout principe et de toute délicatesse où l'avait mise la passion, et où la main-
tenait son état de servitude, elle changeait ainsi
en dévoûment héroïque et en effort surhumain
le premier mouvement de la bonne foi la plus
simple et la plus naturelle.

— Et maintenant, ajouta-t-elle, vous vous
étonnerez peut-être, enfant, que je n'aie pas plus
tôt livré à votre impatience le secret qui vous
rend si heureux aujourd'hui ! Croyez bien qu'il a
fallu l'extrémité où vous ont mis, ce soir, les
menaces de deux femmes vindicatives et puissantes, pour que je consentisse à vous donner le
moyen de les braver. Je n'ai toujours considéré
cet or que comme une ressource dont il fallait se
servir, à votre profit, quand toutes viendraient à
manquer... la prudence l'exigeait ainsi... Et puis,
si je vous l'avais dit aussitôt que vous êtes arrivé, seriez-vous resté aussi long-temps auprès
de votre vieille nourrice... non, vous seriez loin
déjà, et je ne vous aurais plus vu !

Voilà les choses qui se dirent auprès du trésor
si long-temps caché dans les ruines du château
du Launoy, et voilà comment la visite qu'y firent

les brus du roi changea la fortune de l'un de ses maîtres.

Maintenant il nous faut dire ce qu'il advint de l'autre, après que le hasard eut remis entre ses mains l'anneau destiné à Agnès.

LIVRE QUATRIÈME.

LES TEMPLIERS.

CHAPITRE I.

A quelques jours de là, un grand mouvement d'attente et de curiosité poussait une foule nombreuse d'hommes, de femmes et d'enfans, hors de l'une des portes de la ville de Paris.

On attendait l'arrivée des chevaliers du Temple; de retour de leur lointaine expédition en Grèce, ils venaient rapporter leur bannière dans la résidence de leur Ordre, devenue la plus importante, depuis que les établissemens de leur province d'Asie étaient tombés au pouvoir du fils de Kélaoun.

L'immense réputation de bravoure dont jouissaient ces hommes, leurs richesses, leur puissance, encore exagérée par les récits des pélerins, les derniers malheurs des chrétiens de Syrie, malheurs qui occupaient et exaltaient l'imagination d'un peuple tourmenté par le dernier paroxisme de la fièvre des croisades, expliquent l'empressement qu'il mettait à courir au devant des voyageurs aventureux.

Dans la douleur que leur inspiraient la perte des saints lieux et la ruine de toutes ces royautés dont les noms leur rappelaient l'histoire de leur Dieu et les exploits de leurs pères morts pour la croix, les fidèles étaient empressés de se trouver, face à face, avec ceux qui, les derniers, avaient cherché à les défendre. Ils éprouvaient le besoin de se convaincre, en voyant les entailles des épées de ces chevaliers, les bosselures de leurs cuirasses et les déchirures de leurs drapeaux, que Sion, Bethléem, Tibériade, avaient été vaillamment disputés aux mécréans, et qu'à la suite de tant de désastres, on ne pouvait que s'humilier sous la main du dieu qui châtie, sans songer à maudire des lâches, sans avoir des traîtres à punir.

La curiosité des hommes était également exci-
tée par tout ce que l'on racontait de l'adoption,
faite par la milice du Temple, d'une partie des
armes, des instrumens et de l'équipement militaire des cavaliers sarrazins. Ils avaient hâte de
connaître les changemens opérés, par cette imi-
tation, dans la tactique, la marche et la tenue
des hommes de guerre. Un spectacle curieux
aussi, à cette époque d'anarchie militaire, était
celui d'une réunion aussi nombreuse de chevaliers couverts du même accoutrement, portant les
mêmes armes et obéissant à une sorte de discipline.

Quant aux femmes et aux enfans, ils étaient
attirés par l'espoir de voir des esclaves noirs, par
le désir d'admirer leurs chameaux, et de frémir
au bruit formidable de leurs timballes; mais le
plus grand nombre des curieux est accouru avec
l'assurance qu'à l'aspect des bagages, caisses et
chariots, l'œil scrutateur pourra évaluer, à peu
près, le trésor de l'Ordre qui rentre au palais du
Temple avec le Beaucéant.

— Ce sont d'immenses richesses, disent entre
eux les bourgeois, que le précédent grand-maître, Théobald Gaudini, fit transporter de la ville

d'Acre dans l'île de Chypre, et que le grand-maître actuel, Jacques Molay, conduit à Paris sous la garde de la partie militante de son ordre redouté.

C'est autour de la vieille porte de Saint-Jacques que le populaire se presse en ce jour pour satisfaire sa curiosité. Comme dans toutes les villes de ce temps, cette entrée de Paris se compose d'un passage percé dans les gros murs d'enceinte. La voûte de ce passage peu éclairé est abaissée et percée au milieu, pour laisser tomber la herse dont les pointes en fer dépassent les pierres assombries par l'humidité et le temps, et apparaissent en haut, comme les dents d'un peigne à travers la noire chevelure d'une femme.

Là, sont retenues les chaînes du pont-levis qui tremble sous les pas de la foule; ici, une double rangée de hallebardes au ratelier annonce qu'en cas d'attaque, les moyens de défense ne manqueraient pas. Ces seaux de cuir et ces échelles, suspendus de chaque côté du passage, semblent attendre les incendies si communs et si dangereux au milieu des maisons de bois entassées le long des rues étroites de la Cité.

Voici, à droite, la porte du logement du gar-

dieu. Il se promène de long en large, avec l'air
d'importance que lui donnent son trousseau de
clés, son chaperon et son hoqueton, mi-partie de
rouge et de vert, qui est la couleur de ceux de
l'Hôtel-de-Ville de Paris. Par ici, se trouve le
corps-de-garde occupé par ces messieurs de la
garde bourgeoise. Assis sur un banc à la porte
de leur réduit, ils se chauffent au soleil, et vous
voyez briller leurs morions, et vous les entendez
rire et causer, tandis que, plus loin, répétant
sa consigne, leur sentinelle fait la guette, et a
aussi bon air, avec sa hallebarde sur le dos, que
le premier des sergens d'armes institués par
Philippe-Auguste, pour veiller à la garde de son
palais.

Vue du côté du faubourg, la porte Saint-
Jacques s'élève, recouverte d'un long toit en ar-
doises et flanquée de deux tourelles au toit pointu
et aux étroites meurtrières regardant sur la
route qui fuit loin de la ville, avec son escorte des
petites maisons et des jolis vergers du faubourg.

Pour parvenir à l'une de ces fenêtres, et voir,
sans être vu, ceux que l'on attend, trois hommes,
arrivés mystérieusement par les remparts,
viennent de s'introduire sous le toit formant le

milieu de ces bâtimens. Ils entrent dans l'espèce
de salle que l'on a ménagée au dessus de la voûte
du passage; c'est un réduit vaste et mal éclairé,
et qui, on le devine à sa disposition, à la paille
qui y est entassée, aux quelques maillets de fer
qui s'y trouvent jetés çà et là, a pu servir d'ar-
senal, de quartier-général, dans un jour d'assaut,
ou d'hôpital provisoire pour les hommes d'armes
atteints sur les murailles par les traits des archers
ennemis. Le plancher de cette salle est fendu
dans toute sa largeur par une étroite ouverture
qui donne passage à la herse. En ce moment, la
herse relevée partage ce lieu en deux parties
égales, et ne laisse entre elles de communication
qu'à travers ses barreaux très-rapprochés.

Aussi, nos trois personnages s'arrêtent-ils un
moment embarrassés devant cet obstacle qui les
sépare des meurtrières ayant vue sur les appro-
ches de la porte. Comment faire pour y parvenir?
Les montans de cette espèce de cloison à jour ne
touchent pas tellement aux murs qu'on ne puisse
à la rigueur se glisser entr'eux. Pourtant le passage est étroit, si étroit, qu'il se refuse à l'embonpoint le plus ordinaire.

Or, savez-vous qui vient d'arriver dans ce lieu?

Le roi Philippe-le-Bel, en compagnie de Marigny, son ministre, et d'Étienne Barbette, le maître de la monnaie, celui de tous ses officiers à qui le Bel donna le plus d'occupation dans sa vie, comme chacun sait.

Tous trois essayèrent de se faufiler entre la muraille et la herse; le premier qui tenta inutilement le passage fut Philippe.

— Par saint Denis, Messires, s'écria-t-il en se retirant et en rajustant son manteau, ce que Philippe ne ferait pas pour tous les monarques de la chrétienté, il va le faire aujourd'hui pour vous! Allons, passez! le roi de France vous cède le pas, Messieurs... A toi, maître Étienne.

Puis, en frappant sur le ventre du financier, il ajouta avec un éclat de gaîté qui contrastait singulièrement avec l'impassibilité de sa physionomie. — A vrai dire, je ne crois pas que tu puisses profiter beaucoup de cette signalée faveur.

— Non, Sire, et j'y renonce, dit l'argentier enhardi par la bonne humeur du roi, jusqu'à ce que nous ayons trouvé le moyen de faire pour mon embonpoint ce que quelquefois nous avons fait pour les monnaies qui ont cours dans votre royaume de France.

— Oui, dit le roi qui ne voulait pas comprendre, l'un est moins facile à fondre que les autres. N'est-ce pas ainsi que vous l'entendez, mon maître?

— Dieu me garde de vouloir dire autre chose, reprit le courtisan, personne ne sait mieux que Votre Majesté ce qu'il en est?

— C'est bien! allons, à toi, Enguerrand, tu ne t'es pas engraissé à mon service, c'est justice à te rendre, et, le seul de mes courtisans, tu pourrais peut-être braver, si elle existait encore, cette loi des Francs, nos ancêtres, qui mettait à l'amende les hommes dont le poids augmentait dans l'année.

— Moi, Sire, répondit le ministre, je ne veux avoir de poids que ce qu'il plaît à Votre Majesté de m'en donner.

— Ah! par Dieu, mon maître, si tu l'entends ainsi, s'écria Philippe, sois tranquille, nos balances sont bonnes, et tu n'y peseras qu'autant qu'il me plaira.

— Je le sais bien, reprit Marigny d'un ton sérieux; aussi, je ne veux, Sire, mettre dans ce plateau de votre balance que mes services, mon zèle et mon dévoûment à toute épreuve.

— Et dans l'autre, répondit le roi avec gra-

cieuseté, nous voulons que notre amitié reste...
N'est-ce pas là, sire comte, un contrepoids de
votre goût?...Mais il s'agit de toute autre chose,
quant à présent... Au plus mince, les honneurs
du passage! Ne le voulez-vous pas tenter, Enguerrand?

— A quoi bon, Sire? je vais descendre
plutôt, ordonner au portier de baisser cette
herse.

— Oui, pour que le peuple dise que je refuse passage à nos amis et féaux les frères du
Temple... Y songes-tu, Marigny? Prenez garde,
Messire, ajouta-t-il avec un sourire forcé, prenez
garde de nous mettre mal avec d'aussi puissans
compagnons!

— Hé, bien! reprit le ministre, je vais dire
que l'on nous trouve une autre place.

— Oui, pour qu'en descendant et qu'en tra-
versant la foule, on me reconnaisse, n'est-ce pas?
pour que notre présence ici, sur le passage de
ces gens, soit l'occasion des conjectures les plus
fausses? Non, nous resterons ici, pourvu que,
plus heureux que nous, tu puisses, Marigny, parvenir à l'un de ces trous en face, et voir un peu

quelle tournure ont ces fiers vainqueurs, et quel accueil leur fait le peuple de Paris.

— Et surtout, reprit l'argentier du roi, quel est le nombre des chariots qu'ils traînent à leur suite : voilà le point essentiel.

— Mais, Sire, dit Marigny en s'engageant contre le mur et le montant de la herse, ne vaudrait-il pas mieux que vous-même vissiez...

— Par saint Denis ! s'écria le roi en le poussant, ne dirait-on pas que c'est la première fois que je verrai par les yeux de notre ministre... Allons ! allons, fais-toi mince, Enguerrand, y es-tu ? Courage ! — Tu vas voir, Barbette, qu'il va passer ; je le connais, ce gaillard-là se faufile partout... Pas encore !... — Et ces cris que l'on entend en bas... Ce sont eux... Allons, un dernier effort ! Ah ! ma foi, l'y voilà ! mais ce n'a pas été sans peine !

En effet, Enguerrand était passé de l'autre côté ; il courut à l'une des meurtrières.

— Ce n'est rien, dit-il après avoir regardé au dessous de lui, une querelle élevée entre des écoliers de l'université et les bourgeois en fête.

— Qu'y faire ? dit le roi ; l'étude des lettres que nous avons assurée dans nos écoles et

la liberté que nous avons donnée aux bourgeois de nos villes réveillent les esprits de tous
et leur donnent un mouvement qui annonce la
vie. Quand les nuages marchent, c'est qu'il y a
du vent... Laissons-le passer... il épure l'air,
enfle la voile des navires, et féconde les champs.

— Oui, dit tout bas maître Étienne, jusqu'à
ce qu'il devienne assez fort pour renverser les
tourelles du Louvre.

— Hé bien ! Enguerrand, reprit Philippe sans
faire mine d'avoir entendu ces dernières paroles,
l'émotion est-elle calmée au dehors ?

— Oui, Sire, grace au passage d'une troupe
de bégards et de béguines qui, quêtant, s'en
vont en pèlerinage et dont les haillons, les *kyrie
cleïson*, ont détourné, à leur profit, l'attention publique et fait oublier aux querelleurs eux-mêmes
le sujet de la dispute.

— Oh ! dit le roi, de ces mendians nous n'en
avons que trop. L'esprit des religieux de ce temps
tourne trop à la besace : j'y mettrai bon ordre,
et j'écrirai en Avignon pour que le pape supprime
quelques unes de ces sectes de mendians qui
poursuivent et tourmentent nos sujets de quêtes
d'argent continuelles.

— Malavisés ! murmura l'argentier que nous empêcherons bien d'aller sur nos brisées.

— Hé ! dites, Enguerrand, ajouta Philippe, avez-vous vu dans le tumulte un de ceux qui, les premiers, devaient y paraître pour l'apaiser ? Quel est le quartenier qui me répond du bon ordre de cette partie de la ville?... Hugues Pannevère, si je ne me trompe.

— Je ne le vois pas, Sire.

— Il devrait être à son poste; prenez ce nom sur vos tablettes, Messire ! Les excellens bourgeois de cette ville nous ont constamment aidé de leurs deniers, et c'est bien le moins que, pour leur argent, ils aient de la sécurité.

— Et comme ce sont eux qui ont fait le bruit, si le quartenier eût fait son devoir, pour leur argent, les excellens bourgeois eussent été mis en prison.

— Maître Barbette, notre ami, dit Philippe avec un accent d'impatience, il n'y a dans ma cour qu'une place où l'on puisse se permettre les joyeusetés que tu débites ici... Parle : si tu veux troquer la clé de mon trésor contre le bonnet à grelots, je me fais fort d'arranger l'échange avec messire Mascaret, mon fou.

— Ma foi, Sire, répondit Étienne Barbette, si j'aimais ce qui sonne, je prendrais les grelots, et laisserais là votre caisse.

Le roi — il était dans ses bons jours — ne put s'empêcher de rire de la réponse; il prit l'argentier sous le bras, et, en se promenant le long de la herse, il s'entretint avec lui de l'état de ses finances.

Elles étaient fort en désarroi à la suite des grands frais qu'avaient entraînés ses guerres contre les Flamands, ses querelles avec Boniface, l'élection d'un pape tout à sa dévotion, l'établissement de ce pape à Avignon, et les mariages de ses trois fils.

Comment remédier au vide produit dans le trésor par ces grandes entreprises? c'était un énorme embarras. L'on avait, à deux reprises différentes, fait rendre gorge aux Juifs : de l'imposition du centième denier sur toutes les marchandises, on était passé au cinquantième, puis au cinquième sur tous les meubles ou immeubles d'un chacun, laïque ou ecclésiastique, et il était question de rabaisser la valeur des monnaies que l'on avait fabriquées faibles, de bas aloi et de trop haute valeur.

C'était de cela qu'il était question entre le roi et son maître des monnaies, tandis qu'ils se promenaient amicalement ensemble, le long de la grille, en attendant la venue des Templiers.

CHAPITRE II.

Si j'étais peintre, je vous montrerais ces trois figures : celle du roi d'abord, inégalement éclairée par un rayon de soleil entrant par l'une des meurtrières, et divisée en lignes lumineuses par les barreaux de la herse.

Quand il passe au milieu de cette gerbe de clarté, vous verriez qu'avec ses quarante et quelques années, ses habits simples, ce n'est pas sans justice qu'il a été surnommé *le Bel* par son peuple.

Son visage blanc et lisse ne porte pas une ride,

car, toujours calme et froid, il n'a jamais été
contracté par la colère, ni plissé par la tristesse ou
par la joie. Ses grands yeux bleus, dont les pru-
nelles vous voient, comme celles des portraits,
sans se tourner vers vous, annoncent l'esprit inflexible qui ne regarde qu'une chose : le but
qu'il s'est posé. Dans l'immobilité de ses sourcils, il y a tout le sang-froid nécessaire pour
écraser ceux qui lui feront obstacle, et pour ne
pas s'arrêter à leurs cris de menace ou de douleur. Cette bouche, qui ne manque pas de grace,
s'entr'ouvre toujours de la même manière, quelles
que soient les paroles qui en sortent : c'est
comme la porte sur laquelle nous nous trouvons maintenant, et qui reste ce qu'elle est, soit
qu'un enterrement, soit qu'une noce passe sous
ses voûtes. La voix seule de Philippe prend un
timbre de sentiment ou de passion. Quand il
parle, si vous l'écoutez sans le regarder au visage,
vous pouvez croire que cet homme se fâche, ou
qu'il s'égaie, ou qu'il pardonne... Vous levez
les yeux sur lui, et vous cherchez à ses traits
une empreinte de colère, de joie ou de sensibi-
lité... Non... rien de cela n'est arrivé du cœur
à la tête. Vous éprouvez, en le regardant, un

effroi comparable à celui du convive qui, en entendant son verre joyeusement choqué par un verre, levait la tête pour répondre à cet appel, et trouvait le visage glacé de la statue. Vous sentez alors que, quoi qu'il dise ou éprouve à présent, il ne sera fait que ce qui l'aidera à remplir sa mission et à faire un pas dans sa voie. Tout, dans la personne de Philippe-le-Bel, va dans le même sens; et, à sa taille, à la forme de ses membres, on devine que cette tête de marbre a un corps de bronze et un bras de fer à son service.

Cette figure, qui ressemble au spectre de l'immuable fatalité évoqué par l'antiquité païenne, spectre aux formes arrêtées, brusques et droites, est pleine de contrastes avec la rondeur de maître Étienne Barbette.

Enrichi dans le commerce de l'or et de l'argent par une grande entente des affaires, et par l'ordre et l'économie, il était devenu le syndic de la corporation des orfèvres. Le besoin d'argent qu'éprouvait si souvent Philippe avait mis celui-ci en rapport avec ces marchands qui pouvaient l'aider par leurs prêts, ou faciliter de nouveaux emprunts; et le roi n'avait pas tardé à donner toute sa confiance à leur syndic, qu'il fixa auprès de lui avec le titre d'argentier.

A côté de ces deux types — comme l'on dit aujourd'hui — l'un, de la royauté, marchant impitoyablement à la destruction de ce qui peut l'entraver; l'autre, de la bourgeoisie toute prête, avec ses taquineries, à profiter de cette ruine, nous trouverons aussi celui de la noblesse dans cette pâle, triste et dédaigneuse figure d'Enguerrand, grand seigneur avec toutes les prétentions, tout l'orgueil de la féodalité; mais que la fidélité et le devoir retiennent enchaîné auprès du roi qui, le premier, a ouvert la mine destinée à faire sauter l'édifice féodal, ce grand obstacle placé sur la route de la royauté. L'entière connaissance qu'il a des projets qui froissent ses intérêts de caste et d'affection, l'obligation de les servir que lui impose sa position auprès de Philippe, voilà les causes de la tristesse profonde dont cette ame est navrée. Quant au dédain qui se lit dans ses yeux et dans le rare sourire qui vient ranimer ses lèvres, il s'adresse moins aux hommes qu'au sort, dont il se sent la victime prédestinée.

Pendant qu'appuyé sur le rebord de la go-

thique fenêtre, il diminue avec l'une de ses mains
l'éclat du rayon de soleil qui vient frapper ses
yeux, et examine ce qui se passe dans cette foule
que la porte vomit dans le faubourg, Philippe
écoute les calculs et les raisons de son maître
des finances.

Celui-ci lui faisait part en ce moment de ses
craintes au sujet de l'édit préparé à la demande
des états-généraux, pour opérer la réduction des
monnaies. Le mécontentement serait grand, et
qui sait s'il n'en naîtrait pas quelque émotion
dans le peuple de Paris ?

— Oh! disait le roi, qu'ils soient mal-con-
tens, je ne puis l'empêcher ; mais qu'ils se ré-
voltent!... Par saint Denis ! c'est autre chose, et
bien ils savent que mal leur en adviendrait... je
ne crains point que Jean-Bonhomme en vienne
à cette extrémité! D'ailleurs, maître Étienne, à
tous ces mécontentemens il faudrait une expression, et quelle bouche osera me l'adresser?
A toutes ces colères, il faudrait un lien pour les
réunir, les diriger, et qui osera le fournir?... A
tous ces bras qui se lèveront pour maudire, il
manque une tête pour leur apprendre qu'ils

pourraient frapper en retombant... où est-elle?

— Et, dit l'argentier, si cette bouche, si ce lien, si cette tête, qui, dites-vous, Sire, manquent aux mécontens, leur venaient aujourd'hui, aujourd'hui même, et si nous n'étions ici, avec Votre Majesté, que pour les voir arriver?

— Bah! dit le roi, et son visage resta impassible, et sa voix seule eut une légère inflexion de surprise ou plutôt de colère:

— Quelle idée! reprit-il après un instant de silence, comme s'il eût voulu prendre le temps de faire disparaître l'unique trace de sa préoccupation à ce sujet, quelle idée, mon maître!

— C'est une idée comme une autre, reprit froidement l'argentier. Votre Majesté jurerait-elle que cette idée ne soit venue qu'à moi?... Non, Sire, et il suffit, pour deviner le parti que vos ennemis peuvent tirer du retour des Templiers, dans ce moment où vous allez tenter une nouvelle opération sur les monnaies, de savoir qu'en leurs mains se trouve le plus d'or et d'argent monnoyés. Vous le savez, ce sont eux qui vont avoir le plus à souffrir de cette diminution, et, vous le savez aussi, si leurs bras s'élèvent pour maudire, ils peuvent, ceux là, frapper en retombant!

— Des chevaliers qui ont fait serment de fidélité au roi, des religieux qui ont fait vœu de pauvreté?... Y pensez-vous, Monsieur?

— Votre Majesté sait-elle que, dans cet ordre mystérieux, le grand-maître tient la place de Dieu?... La place de Dieu, Sire... et à Dieu le pouvoir de lier et de délier... Non que je veuille dire que le présent grand-maître, Jacques Molay, comme on l'appelle, soit capable de rappeler à ses chevaliers qu'avant le roi parle Dieu, qu'avant Philippe, qui n'est que son serviteur, Molay qui est son remplaçant, doit être obéi... non, Sire, il n'est bruit que de sa vaillance et de ses exploits... j'y crois, c'est croire à sa loyauté : vaillance et traîtrise vont rarement de compagnie. Mais, Sire, l'ordre n'a pas que des vaillans dont les forces se sont toutes exercées sous le harnois, et dont toutes les occupations se bornent à fourbir le heaume, à tenir droit et haut le Beaucéant et à l'illustrer par de nouveaux et beaux coups de lance et d'épée. Si les héros ne manquent pas au temple, les rêveurs n'y manquent pas non plus, gens de réflexion, d'attente et de calcul, gens de réflexion, derrière les hommes d'action, gens qui s'entendent d'un bout de l'Europe à l'autre avec les ambitions et les perversités de tous les pays, au moyen d'une fraternité mystérieuse et des pratiques inconnues d'un culte aussi offensant pour nos autels que menaçant pour le trône. Sous chaque trône, Sire, il y a un souterrain du temple, sous chaque trône, il se trouve un débiteur de son trésor... Vous l'êtes le premier, vous, Sire, pour la somme de cinq cent mille livres, vous ne le nierez pas.

— Leur dois-je réellement autant que cela? dit le Bel, d'un air nonchalant qui contrastait singulièrement avec l'agitation de son esprit... C'est possible, continua-t-il après un instant de silence, et je vois bien qu'il faudra qu'un de ces jours nous comptions ensemble!

— Et vous ferez bien, Sire; car vous savez comment ils se sont payés de leurs propres mains, dans le nord de l'Europe. L'exemple donné par leurs frères de l'ordre Teutonique, transformé, sur les bords de la Baltique, en une puissance redoutée des États voisins, est dangereux dans un moment où, perdant tout espoir de dominer dans l'Orient, le Temple va donner une nouvelle direction à ses forces... c'est le torrent dont on a détourné le cours naturel... il faut qu'il s'en crée un autre.

— Il y a peut-être un moyen, dit froidement Philippe, d'empêcher qu'il ne se dirige sur nos terres, et nous y aviserons!

— Les voici! les voici! dit tout à coup Enguerrand.

En effet, l'on entendait en bas le roulement lointain des timbales que dominait le son des trompettes.

— Dieu me pardonne! s'écria Philippe, ces badauds, en bas, crient : Noël! comme si quelqu'un du sang royal allait passer.

— Ils approchent, reprit le ministre, et c'est, je vous assure, un beau spectacle, vu d'ici, cette longue file de chevaliers vêtus de blanc, avec les croix rouges de leurs manteaux et de leurs corselets écaillés d'argent. Voici en tête les chevaliers qui sont restés en France pour la garde des commanderies et baillages, tandis que leurs frères bataillaient en Palestine; ils sont aussi frais, aussi roses, que les autres sont maigres et noirs. Rien de plus riche que les manteaux, les fourrures, les colliers, qu'ils étalent en se pavanant sur des chevaux superbes qui ne vont que l'amble, pour ne point fatiguer leurs cavaliers indolens. Quelques uns ont le faucon au poing, et, sans garder de rang, vont et viennent en causant à haute voix. Les uns se défient à la course, pour essayer la légèreté de leurs genêts d'Espagne; les autres, en passant sous les balcons qu'occupent de jolies et fringantes bourgeoises, échangent avec elles des rires et des regards d'intelligence. Quelques uns lèvent vers elles leurs lances et les ramènent chargées d'un bouquet, d'un voile ou d'une écharpe, qui figureront à la première passe-d'armes.... Ceux - ci poursuivent et frappent du bois de leur lance des manans qui, arrêtés à la porte d'un tavernier, ont fait mine de rire sur leur passage!

Ces richesses, ce luxe, cette allure désordonnée, cet air évaporé, cette insolence, font mieux ressortir encore l'ordre, le silence et l'austère immobilité de ceux qui marchent en troupe de guerre. Là, chaque chevalier est suivi d'un écuyer ou frère servant, portant ses armes et te-

nant en main son cheval de rechange. Ces
hommes, à cheval aussi, et dignes, par leur sta-
ture et leur vigueur de soutenir le premier rang,
sont recouverts d'armes noires, de façon que
l'on dirait toute la route couverte de ces draps
blancs que l'église jette sur le cercueil d'une
jeune fille et dont la doublure noire paraît
quand le vent le soulève.

Voici le Beaucéant tenu droit et élevé au milieu de l'escadron comme le clocher autour duquel se groupent les maisons d'une paroisse,
ou l'host du chef qui rallie toutes les autres
tentes du camp. Cet étendard de l'Ordre est blanc
d'un côté et noir de l'autre pour annoncer, dit-on,
la paix aux chrétiens, et la guerre, une guerre
d'extermination, aux mécréans !

Le peuple le salue de longues acclamations ;
en effet, l'aspect de ces vaillans aventuriers, leurs
armes, la croix qu'ils portent, font naître à la
fois ce respect dont on est saisi à l'approche
d'une procession religieuse, et ce tressaillement
dont on est agité quand on voit s'avancer les
escadrons, et que l'on entend ce bruit sourd du
piétinement des chevaux qui secouent la tête et
font cliqueter, en se serrant les uns contre les

autres, l'acier du harnois et le fer des cuissards de leurs cavaliers, tandis que la trompette jette dans l'air des sons de défi, de victoire et de bienvenue !

— De bienvenue, soit, dit Philippe-le-Bel, car des sons de défi viendraient mal-à-propos en ce moment. A qui pourraient-ils s'adresser, mon maître ? Quant aux fanfares de victoire, reprit le roi, le Temple oublie toujours que le Beaucéant tourne le dos à la Syrie.

— Ah ! Sire, reprit Enguerrand, si la Syrie n'a pu être sauvée par ces soldats, c'est que Dieu a voulu nous châtier tous par cette perte ; car jamais plus redoutable réunion d'hommes n'a défendu un pays. Oui, et l'on ne peut dire le contraire, ce sont de fiers et courageux compagnons ! Il y en a peu, parmi eux, qui ne reviennent avec quelque balafre terrible...... Ces blessures à peine fermées, ces casques sans panaches et tout sillonnés de coups, ces manteaux teints de sang, ces visages brûlés par le soleil, la poussière et le feu des batailles, annoncent que les derniers efforts de cette grande milice ont été terribles et dignes de leurs premiers faits d'armes.... Sire, ils ont été trahis par le sort ; ils

n'ont pas été vaincus par les hommes ! croyez-le !
s'il eût été dans les décrets de Dieu que la chrétienté conservât la Terre-Sainte, la Terre-Sainte
eût été sauvée par eux !

— Quel enthousiasme, Monsieur !... Mais il
paraît que tu n'es pas le seul à l'éprouver, Marigny, car le populaire fait entendre des cris tels
que je n'en entendis jamais sur mon passage,
Messire! et, dis-nous, Enguerrand, quels sont
les chefs qui commandent cette valeureuse phalange ?

Marigny répondit :

— Il y a là plusieurs dignitaires de l'Ordre...
J'aperçois Jacques de Sancy, le bailly de Jéru-
salem ; Hugues de Péraldo, le sénéchal ; Pierre
Desfontaines, le Drapier; Mathieu de Létang, le
Turcopolier. — C'est ainsi qu'ils nomment le
général de la cavalerie légère. — Voici venir
Jean de Villars, le grand-prieur, entouré de
plusieurs chapelains qui ne se distinguent des
autres frères que par les gants que, seuls, ils ont
le droit de porter..... Je reconnais à sa longue
barbe blanche et à sa haute taille que ses travaux
et ses quatre-vingts ans n'ont pu courber le grand
maréchal de l'Ordre, Arnould de Vismale.

<table>
<tr><td>I.</td><td>18</td></tr>
</table>

— Par sainte Geneviève ! s'écria le roi, il faut que celui-là ait de bonnes épaules pour porter aussi long-temps le fardeau de ses iniquités. Si notre frère Édouard d'Angleterre eût eu quelque Arnould à sa cour, il se fût dispensé de partager les péchés capitaux entre les différens ordres religieux de son royaume de Grande-Bretagne... Le Templier, à qui il ne donnait que l'orgueil, les eût tous réunis dans la personne du grand maréchal de l'Ordre.

— Un homme aussi grave, aussi austère, aussi généralement estimé que le vieux sire de Vismale ?.... Votre Majesté m'étonne, dit l'argentier. Sa sévère franchise, sa taciturnité toute ascétique, sa frugalité exemplaire, son observance rigoureuse des statuts de l'Ordre qu'il pratique jusque dans la coupe et l'étoffe de ses habits grossiers que dédaignerait le plus mince postulant de sa commanderie, me le faisaient prendre en grande considération, quoique j'aime peu, je l'avoue, ceux de sa robe. N'a-t-il pas donné la preuve d'une modestie, d'une retenue, d'un désintéressement exemplaires, quand, à la mort du dernier grand-maître, et, sûr de son élection, il se déclara indigne du choix de ses

frères, indiqua à leurs suffrages celui qui les méritait plus que lui, et fit élever à cette éminente
dignité un chevalier, jusque-là caché dans leurs
rangs, où quelques beaux coups d'épée l'a-
vaient à peine fait connaître.

— Oui, mais tu ne dis pas, reprit Philippe,
que ce chevalier est le neveu, le propre neveu du
maréchal, et qu'ainsi, le rusé vieillard s'assurait
l'exercice de la toute-puissance de l'Ordre sous
le magistère d'un homme qui lui devrait respect
et soumission comme à son oncle, et reconnaissance et dévoûment comme à l'auteur de sa
haute fortune. Ajoute qu'il se donnait, par ce
faux-semblant de modération, un nouveau renom
de sagesse parmi le peuple et les siens......
Il savait bien ce qu'il faisait, crois-moi, Barbette:
c'est un de ces pas en arrière qui vous font
monter plus haut que si toujours on était allé en
avant! Tu parlais aussi de souterrains creusés sous
nos trônes, à nous autres rois? Hé bien, il n'y
a pas un de ces terriers, maître Étienne, que ce
vieux et dangereux renard n'ait élargi, et dont il
ne tienne la clé!

Et le grand-maître, Marigny, continua Phi-
18.

lippe en se tournant vers son ministre, le grand-
maître est-il des leurs?

— Non, Molay n'est pas parmi eux. Je ne
vois derrière le Beaucéant qu'un écuyer africain
qui porte les armes du grand-maître; sa lance,
à l'extrémité de laquelle flotte la banderolle
ornée de la triple croix latine, son écu avec sa
devise bien connue : *Nous sommes prêts à mourir
pour Jésus-Christ qui est mort pour nous!* et son
casque damasquiné d'or, que l'on reconnaît à la
croix émaillée qui le surmonte, et aux pointes
de l'espèce de couronne dont il est orné. Une
longue rumeur naît parmi le peuple à l'aspect du
singulier servant d'armes choisi par le grand-
maître : c'est quelque esclave qu'il se sera attaché, qu'il aura converti, et que son courage et sa
fidélité lui ont fait élever au grade de postulant. Et cependant, vous comprendriez l'étonnement mêlé d'effroi qui s'empare de la foule,
si vous voyiez l'étrange figure de cet écuyer.
Le manteau de serge blanche dans lequel il se
drape, comme ses frères du désert, fait mieux
ressortir encore la couleur olivâtre de son teint.
Avec le bandeau rouge qui presse son front, avec
les mouvemens terribles de ses sourcils qui se

rapprochent, et de ses traits qui se contractent de temps en temps, comme si d'intolérables douleurs venaient le saisir à l'improviste, avec les écailles vertes et luisantes de l'armure qui presse ses membres longs et grêles, on dirait d'un esprit des ténèbres.

— Mais aussi, dit-on que c'en est un, reprit l'argentier ; oui, Sire, ajouta-t-il avec ce ton de crédule bonhomie parisienne, dont tout récit incroyable est accueilli sur les bords de la Seine, en sortant l'autre jour de l'église St-Jacques-de-la-Boucherie, j'ai entendu un gueux, qui portait des coquilles de pélerin et une vielle de ménétrier, raconter et chanter à un cercle ébahi, les merveilleux événemens de la dernière croisade. Dans un de ces récits que j'écoutai, il était question d'un rude combat qu'eut à soutenir, en Palestine, le grand-maître de l'ordre du Temple, contre l'esprit du mal, en tournée pour chercher à faire pièce à l'armée des Chrétiens. Après mille coups, plus terribles les uns que les autres, et dont le moindre eût suffi pour abattre tout adversaire qui n'eût pas eu l'enfer à ses ordres, s'apercevant que des langues de feu sortaient à la place du sang des blessures et entailles que sa hache d'armes faisait au corps de son ennemi, et que, plus il le frappait, plus celui-ci devenait terrible; le vaillant paladin s'en remit à Dieu de la fin de la bataille, et, saisissant son épée par la lame, frappa, de sa poignée, le démon qui, déjà, se croyait vainqueur. La chance alors tourna bien pour le chevalier : la poignée de son épée était, comme toujours, en croix, et, à peine le malin fut-il touché de ce fer sanctifié par sa forme, qu'il recula en trébuchant. Un second coup bien appliqué le fit choir sans mouvement et sans force.

Le templier ne perdit pas de temps, et, courant à une source qui coulait près de là, il puisa de l'eau dans son casque; puis, revenant au vaincu qui gisait par terre.....

— Cette absence du grand-maître est singulière, dit le roi qui n'avait pas écouté le récit de l'argentier.

— Il est malade, dit Marigny, ou il s'est empressé de rejoindre sa famille qui l'attend à Besançon, ou bien encore, il prépare son discours pour la réunion générale de ceux de son Ordre.

— Quelle réunion ? dit Philippe en fronçant les sourcils.

— La réunion annuelle de l'Ordre, *le covenant*, comme ils l'appellent. Cette fois, il doit
avoir lieu dans les environs de la commanderie
de Templeville, en Normandie.

En ce moment, de grands cris s'élevèrent.

— Quelles sont ces nouvelles clameurs et ces
coups sourds qui retentissent en bas? demanda
le roi en interrompant son ministre; on dirait
qu'on bat en brèche les murailles de la porte.

— Les insolens! s'écria Marigny.

— Qu'y a-t-il, Enguerrand?

— Quelle audace!

— Qu'y a-t-il donc?... répondras-tu?

— Hé bien, Sire, ce sont les Templiers qui,
après avoir défilé sur le pont, et en entrant sous
la porte, frappent de leurs lances....

— Quoi donc? dit Philippe.

— Ce n'est assurément qu'un jeu, et je ne
crois pas qu'ils aient d'autre intention que celle
de prouver leur adresse, comme on fait dans une
course de bagues.

— Mais encore, que frappent les lances des
Templiers, Monsieur? reprit le roi.

— Sire, l'écu de France est sculpté au dessus
de la porte, et ils semblent avoir pris pour point

de mire l'une des fleurs de lys qui en parent la couronne.

Une vive rougeur passa sur les joues de Philippe ; il étendit la main, saisit la chaîne qui retenait la herse, et, la tirant à lui, il la fit encore remonter. Ce mouvement, que, d'ordinaire, trois hommes pouvaient à peine déterminer dans la pesante machine, permit au roi de dégager la chaîne de l'énorme crochet de fer qui la retenait. En un clin d'œil, la herse, avec son poids meurtrier, est ainsi affranchie de ses entraves de fer, et, si le bras vigoureux qui la retient encore suspendue vient tout à coup à se retirer, l'immense clôture de fer va se précipiter, glisser avec son bruit de tonnerre dans ses coulisses bien graissées, et tomber, écrasant en bas cavaliers et chevaux.

— Qu'allez-vous faire, Sire ? s'écria maître Étienne.

— Enfin voici venir, reprit Marigny qui n'avait pas aperçu le mouvement du roi, voici venir les bagages, les caisses et coffres, que leur domination en Palestine, leur dernier séjour en Chypre, leur excursion en Grèce, ont remplis, dit-on, de plus de richesses que jamais n'en eurent à leur disposition empereurs et rois.

La herse, qui s'était un peu abaissée, se releva à ces mots.

— Plus de cinquante chevaux se courbent sous le poids des coffres orientaux garnis de cercles de fer, continua Marigny.

— Cinquante chevaux ! il doit y avoir là cent cinquante mille florins d'or, et autant de gros tournois d'argent, s'écria l'argentier en regardant le roi avec inquiétude.

— Qu'ils entrent ! dit froidement Philippe.

Il remit lentement la chaîne dans son crochet, et même il s'assura qu'elle était solidement assujettie.

CHAPITRE III.

Revenons à Gauthier !

En ramenant Agnès au château Gaillard, le
soir qu'il la retrouva dans les ruines du manoir
paternel, il lui proposa de se rendre à sa place au
lieu indiqué dans l'injonction qu'elle venait de
recevoir d'une manière si inattendue. Muni de la
bague et caché sous le manteau qui devait l'envelopper dans cette visite mystérieuse, il pourrait, à l'aide du mot de passe, s'introduire
dans leur assemblée. En leur dérobant la vue
de ses traits, il espérait arriver sans péril à

la connaissance des rapports existant entre la princesse et les frères du Temple, et pénétrer les motifs qui guidaient ceux-ci dans cette suite d'avertissemens et de sommations dont ils la poursuivaient.

Il y avait entre la fille de Bretagne et le croisé quelque ressemblance de taille et de port, et, avec de la prudence et de l'adresse, il parviendrait, pensait-il, sans risque pour lui, à pénétrer le mystère de ces liens étranges.

Après avoir obtenu le consentement d'Agnès et son anneau mystérieux, après lui avoir promis de l'instruire, partout où elle serait, du résultat de cette importante démarche, il la quitta; et la noble et jeune femme, debout à la porte de la tourelle où elle allait rentrer, resta long-temps à écouter le bruit des pas du chevalier qui s'éloignait. Elle éprouvait des regrets, la naïve châtelaine, pour avoir dit : Oui, aussi facilement à un dessein qui exposerait à de si grands dangers Gauthier, son seul ami et son frère.

— De la prudence surtout, cria-t-elle en se penchant sur la balustre du perron et du côté où elle croyait encore l'entendre; il est déjà bien loin, reprit-elle. Saint Gildas, veillez sur lui, et

je vous promets, Monseigneur, d'aller prier à votre chapelle et d'y brûler deux cierges de cire
devant votre reliquaire!

Gauthier alla attendre, en prières, auprès de
l'ermite des Quatre-Chênes, le moment indiqué
pour tenter l'aventure.

Un soir, c'était dans le commencement du
mois d'octobre, vêtu ainsi qu'il était prescrit
dans les missives envoyées par les Templiers,
la tête et le visage couverts d'un ample capuchon,
mais portant, sous le manteau noir, ses mailles de
fer et son épée, le croisé, une heure après le cou-
cher du soleil, se présentait au premier poste
d'hommes d'armes qu'il trouva établi sur la
bruyère de Nauffe.

Ces hommes, composant la suite des chevaliers du Temple, faisaient une garde sévère; disposés sur la lisière des bois qui avoisinent la
commanderie de Templeville, bois où nous avons
déjà cheminé dans la compagnie de Gauthier,
ils étaient là pour empêcher tout étranger d'y
pénétrer.

A la lueur des torches attachées aux arbres, ils
se promènent lentement, échangeant entre eux
les cris de veille et les mots d'ordre. Le costume

noir de ces gardes, le masque de leur visage,
leur pas lent et mesuré sous les premiers arbres
de la forêt dans la profondeur de laquelle on voit
briller et passer incessamment des clartés bizarres qui s'évanouissent avec des formes indécises comme celle des spectres, fait assez l'effet
d'une phalange de démons veillant à ce qu'on
ne trouble pas une fête du sabbat.

Mais ce n'est pas la seule garde qui protége ces
lieux contre la curiosité et l'indiscrétion : un jeune
homme, d'un aspect sombre et sévère, passe,
va et revient continuellement d'une sentinelle à
l'autre. Il n'a d'arme qu'un long poignard dont
la lame brille dans les ténèbres, comme le trait de
feu qui sort de la main de l'ange exterminateur.
Son visage pâle, car celui-là est sans masque,
ses cheveux noirs en désordre, et le manteau que
le vent fait flotter en arrière, donnent à son rapide passage l'apparence d'une apparition surnaturelle.

— Ah! c'est toi, brave Benedict, lui dit un
des gardes, c'est toi qui es de surveillance
cette nuit; hé bien, alors, je suis tranquille. Malheur à qui chercherait à pénétrer ici sans mission! Ton poignard, tu l'as prouvé plus d'une

fois, est sans pitié, et, certes, le grand maréchal ne pouvait choisir un plus digne instrument pour exécuter les ordres du grand conseil, en ce qu'ils ont de sanglant... Dieu le protége et toi aussi, Bénédict!.. Hé bien! quoi! tu gardes le silence? Ne sais-tu pas le chant des gardiens du Temple, et sera-t-il dit que nous ayons passé une veillée d'armes sans le répéter?

Le jeune homme s'arrêta, et, après avoir écouté les plaintes du vent dans les arbres, il chanta ces paroles qui, répétées de proche en proche, firent en quelques instans le tour de la forêt où se cachaient, pour cette nuit, les mystères du Temple :

> Frères, écoutez!
> Et puis répétez
> Le cri de prudence :
> Mystère et silence !

> Dans la profondeur des vastes forêts,
> Autrefois le guy réunit nos pères :
> De leurs grands desseins confidens discrets,
> Chênes, cette nuit, cachez nos mystères!

> Frères, écoutez!
> Et puis répétez
> Le cri de prudence :
> Mystère et silence!

Le chêne gaulois, libre avec fierté,
S'élève vainqueur des vents qu'il défie :
C'est l'emblême saint de la liberté...
Aux chênes gaulois elle se confie !

> Frères, écoutez !
> Et puis répétez
> Le cri de prudence :
> Mystère et silence !

Attends, compagnon, l'œil vers l'Orient,
L'espoir dans le cœur, la main sur le glaive !
La nuit règne encor ; mais sois patient...
Du sein de la nuit le soleil se lève !

> Frères, écoutez !
> Et puis répétez
> Le cri de prudence :
> Mystère et silence !

En ce moment, Gauthier se présenta au premier poste. Les gardes auxquels s'adressa l'aventureux jeune homme, au seul aspect de la bague, lui indiquèrent une allée qui s'enfonçait en serpentant dans le fourré du bois. Il s'engagea dans ce sentier.

A quelque distance de sa première halte, il arriva à un carrefour de la forêt qu'occupait une nombreuse réunion de frères. Un nouveau cordon de gardes en défendaient l'approche ; et Gauthier se trouva devant une barrière de fer que deux écuyers abaissèrent à son approche. L'exhibition de son anneau la fit lever, et aussitôt l'un des membres de l'assemblée vint au devant de lui. Ce silencieux personnage le prit par la main et lui fit traverser le cercle que formaient ces hommes réunis.

C'était un véritable bivouac dans la forêt. Ainsi que des soldats au repos, ils étaient assis sur leurs selles; les lances, salades et écus, étaient à côté d'eux, appuyés contre le tronc des arbres, ou appendus aux branches; et, dans leurs intervalles, alongeant vers la flamme qui brille au centre du cercle leur tête frontonnée d'acier, quelques destriers semblaient écouter les nocturnes entretiens de leurs maîtres.

Tout se ressentait, dans cette réunion, de la rigidité des premiers statuts écrits par saint Bernard. Les manteaux qui s'y voyaient étaient usés à force d'avoir été portés, la laine en était grossière, et l'emblême primitif de l'Ordre, les deux Templiers sur un seul cheval, ornait, grossière représentation, la bannière qui s'élevait au milieu d'eux. Une sorte d'autel, formé de timbales prises sur l'ennemi, supportait, au pied de cette bannière, un crucifix de fer, de figure et de forme très-orthodoxes.

Et pourtant, le jeune homme qui se tenait debout devant l'autel, et qu'ils interrogeaient, sans doute pour l'admettre parmi eux, semblait plutôt un écuyer répondant à des questions sur la science de chevalerie et sur la théorie de l'art militaire, qu'un néophyte se perdant dans la solution de difficultés théologiques.

Le survenant ne devait pas s'arrêter là, car son guide, lui ayant fait traverser le premier cercle formé par les frères ordinaires du Temple, indiqua du doigt une autre allée à prendre. Ce chemin, plus long et moins éclairé que l'autre, conduisait au rond-point choisi par les frères de la grande profession pour y tenir assemblée. On y avait dressé une tente qui rappelait, par sa forme et sa disposition, l'habitation errante des enfans du désert, et qui, sans doute, avait été enlevée par ces soldats à quelque émir vaincu et dépouillé dans la croisade. Pressés sous son vaste dôme noir, les chevaliers — la croix de l'Ordre manquait aux manteaux de ceux-là — étaient assis à un banquet somptueux, dans lequel brillaient à profusion toutes les recherches de l'Orient.

Il était servi sur de riches tapis environnés de coussins, sur lesquels les convives étaient mollement accoudés. Les draps d'or et d'argent, les superbes broderies en arabesques, les châles de Cachemire et les mousselines des Indes, entouraient la salle du banquet éclairée par plus de cent flambeaux de cire parfumée. Des agneaux tout entiers rôtis, des amas de riz, de gibier et de volaille, dont l'odeur et l'arrangement rappelaient le pilau des Asiatiques, couvraient de grands plats d'or et d'argent. Quant aux vases qui, sur la table du riche Arabe, sont remplis de sorbet, ils contenaient là les vins les plus exquis; et leur nombre annonçait qu'ils étaient destinés à étancher une véritable soif de Templiers.

Autour de la tente étaient suspendus des drapeaux, des fanons et des étendards, trophées des batailles où le cri de Beaucéant s'était fait entendre. La bannière de l'Ordre triomphant dominait elle-même toutes ces bannières humiliées.

Gauthier s'était arrêté pour contempler ce spectacle de luxe et d'orgueil. Les rires provoqués par les propos hardis et joyeux, le bruit des coupes entrechoquées et des hanaps aussitôt vidés que remplis, s'élevaient au loin. Le croisé regarda ceux qui servaient les convives. Parmi ces figures noires ou basanées, il aperçut des visages blancs, ronds et doux, qui accompagnaient très-bien certaines formes mal déguisées sous la mousseline des costumes orientaux.

—Ah! pardieu! dit-il à part lui, tous les vices sont à leur poste, et, après avoir vu ce qu'ont été les Templiers dans les premiers temps de leur fondation, on n'est pas fâché de les trouver tels qu'ils sont maintenant... Pour compléter cet enseignement d'histoire en action, il faudrait présentement me montrer ce qu'ils veulent être dans l'avenir!

En ce moment, les convives se levèrent, et un cri, trois fois répété par eux, apporta à l'oreille surprise de l'aventurier ces mots étranges : Y allah! y allah! y allah!

Gauthier réfléchissait à ce qu'il venait de voir et d'entendre, quand il sentit une main s'appuyer sur son épaule. Il se retourna au contact de cette main, réveillant en lui une sensation déjà une fois éprouvée... La lumière éclatante qui jaillit des flambeaux du banquet éclaire au milieu de la nuit le visage de l'individu qui vient de le toucher. O surprise! c'est l'écuyer africain, l'écuyer

19.

de Molay, celui-là même qui arracha Agnès à la mort.

Toujours drapé dans ses longs voiles blancs, toujours le front caché, toujours sombre et inexplicable, El-modhy apparut au croisé comme le génie de cette forêt, ou comme le dieu caché que célèbrent les mystères étranges dont elle est le théâtre. Un sourire de moquerie relevait les lèvres de l'Africain, tandis que son regard scrutateur arrêté sur le croisé, semblait percer l'épaisseur du manteau sous lequel il se cache, et jouir de son embarras. En effet, Gauthier se croyait découvert, et déjà il cherchait du coin de l'œil de quel côté il trouverait le taillis le plus épais et le plus capable de cacher sa fuite.

L'être singulier qu'il avait devant lui, sans faire aucune démonstration d'hostilité, fit signe à Gauthier de le suivre, et mit son doigt sur ses lèvres pour lui recommander le silence.

Gauthier ne se fit point répéter cette invitation mystérieuse, et il s'enfonça dans les ténébreuses profondeurs de la forêt sur les pas de son étrange guide. Toute clarté s'était éteinte dans les sentiers qu'ils suivaient alors. Quelquefois cependant un long sillon de lumière s'échap-

pait tout à coup, perçant la voûte du feuillage,
atteignant de son triple brisement les arbres formant les deux côtés des allées tortueuses où s'en-
gageaient leurs pas ; quelquefois aussi une flamme
étrange montait, comme un serpent de feu, le
long des vieux chênes, s'enroulant à leurs troncs,
à leurs branches et se perdant dans leur masse
de verdure qu'elle parsemait d'étincelles bizarres.
Ces clartés vertes ou blafardes découvraient au
croisé qui cheminait toujours d'étranges spec-
tacles : là, une bière qui passait et dont le couvercle se soulevait, poussé par un bras décharné
et hideux à voir; ici, des squelettes couronnés de
thiares et de diadêmes, dont les os nus s'en-
trechoquaient dans des danses furieuses, qu'ani-
mait le son d'un rebecque infernal. Plus loin, et
au bout d'une longue allée, il découvrait un long
cortége de figures voilées, fantastique escorte
d'un char rouge ne s'avançant qu'avec un bruit
horrible et supportant une grande femme qui,
voilée aussi, et tenant un livre fermé de plusieurs
sceaux, s'appuyait sur une pique comme sur un
sceptre. Tout à coup, à travers les arbres, il apercevait un échafaud tendu de noir... et le bour-
reau était là, les bras nus, tenant la hache

levée; et elle tombait avec un bruit sourd, et le
croisé tressaillait d'épouvante, car il lui semblait
avoir vu bondir, sur le plancher du théâtre tragique, une tête qui saigne, une tête qui porte
encore une couronne de roi.

Des bruits capables d'entretenir l'effroi des
néophytes accompagnaient ces scènes lugubres.
Le tintement aigu des cloches, ensuite les éclats
de la foudre, retentissaient dans la solitude; puis
le cliquetis des chaînes se faisait entendre le long
des halliers; puis le silence le plus profond, silence plus effrayant peut-être que tous ces bruits
apprêtés, leur succédait, permettant au croisé
d'entendre le vent dans les arbres et le bruit des
feuilles sèches, sous ses pieds.

Tout à coup, un espace dégagé d'arbres et
éclairé d'une vague lumière se présenta devant
lui; un initié et son parrain se trouvaient au milieu d'un cercle de feu, et la lueur pâle de ce feu
permit à Gauthier de voir ce qui se passait en
cet endroit.

Une figure, hideuse dans son étrangeté, se
dressa tout à coup au milieu du cercle, et se tint
debout avec ses épouvantemens, en face du
néophyte qui tentait ces épreuves et du maître

qui lui en expliquait le sens symbolique. Ils
étaient parvenus à la dernière; car une voix se
fit entendre et dit :

— Ici est l'explication du Baffomet!

La figure s'agita furieusement, comme pour
s'élancer sur les deux hommes qui bravaient sa
présence, et alors Gauthier remarqua sa forme
bizarre.

C'était un monstre à deux têtes; ces horribles
faces humaines à la chevelure de serpens, à la
bouche béante, au regard dévorant, étaient posées sur un corps décharné et pâle comme un
squelette évoqué par l'ange de l'Apocalypse. Une
des têtes portait un seul diadème, une des mains
agitait une apparence de sceptre; l'autre tête, et
c'était la plus menaçante, était ornée de trois
couronnes, et la main de ce côté, faisait des efforts
convulsifs pour retenir une croix qui paraissait
devoir lui échapper à chaque instant. Le poids de
cette croix, disproportionné avec la faiblesse de
la main qui la tenait, et de l'épaule qui la supportait, entraînait toute la moitié de ce corps
de spectre et le menaçait d'un déchirement horrible; car l'autre côté tenait ferme contre cet en-
traînement, et se redressait dans sa résistance.

La douleur de ce tiraillement continuel crispait les traits des deux figures et leur donnait une laideur plus odieuse encore.

Le corps qu'elles surmontaient, ce corps en apparence si frêle et si décharné, avait pour supports des espèces de pilons de fer qui pressuraient le sol avec une telle force, que la sève et la verte liqueur des herbes et des racines bouillonnaient autour d'eux. Il y avait sur ces fouloirs, sans cesse en mouvement, des traces rouges qui prouvaient que des plantes seules ne s'étaient pas trouvées sous ces pieds inflexibles, et que rien, pas même le sang, n'arrêtait la marche du monstre aux deux têtes.

Et la voix s'éleva de nouveau.

— Écoutez l'histoire des deux maîtres qui trompèrent le Seigneur.

« Le seigneur dit à Baffomet et à son frère : Je vous ai donné la terre ; vous voyez que les hommes y sont errans et sans asile : bâtissez-moi donc un temple qui puisse réunir sous un seul et même abri ces malheureux qui n'ont ni toit, ni tente pour se protéger contre la pluie, la grêle, la neige et les vents qui apportent du nord le froid, la douleur et la misère.

« Et Baffomet et son frère, au lieu d'élever un temple où tous les hommes pussent trouver un abri salutaire, ne songèrent qu'à se bâtir pour eux deux palais magnifiques avec les matériaux qui leur avaient été laissés pour cette construction ordonnée par le Seigneur.

« Et, bien loin de faire de leurs palais un lieu de refuge et de protection pour les autres hommes, ils y établirent des prisons pour les retenir en servitude, et des lieux de torture et de gêne pour les tourmenter cruellement s'ils venaient à demander la réalisation des promesses faites pour les décider à bâtir eux-mêmes leurs cachots.

« Les matériaux qui restèrent après la construction des deux palais furent vendus par les deux frères, et ils firent plus d'or encore avec les larmes et le sang des malheureux qui criaient dans leurs prisons et sous leurs fouets.

« Et le Seigneur vint enfin.

— « Baffomet, dit-il, élevant la voix, où est le temple que tu devais me bâtir?

— « Il n'est point achevé, répondit le constructeur infidèle, revenez dans quarante semai-

nes, et, bien certainement, vous le trouverez
alors, et il sera digne de vous recevoir.

— « Baffomet, dit encore le Seigneur, où sont
les hommes que je t'ai donné mission de réunir
pour habiter mon temple?

— « Ils sont encore errans, répondit l'autre
imposteur, mais ils finiront par écouter ma voix.
Revenez dans quarante semaines, et, bien certainement, vous les verrez réunis pour vous écouter, et ils seront dignes d'entendre vos paroles.

« Et les quarante semaines se passèrent comme
les autres, sans que les frères élevassent de temple
au Seigneur... Bien loin de là, ils continuèrent à
faire de l'or avec le sang et les larmes de leurs
malheureux esclaves.

« Le Seigneur revint à l'époque fixée.

— « Où est mon temple? où sont ses habitans?
dit-il encore.

« Baffomet et son frère demandèrent un nouveau délai. Celui-là fut fixé à quarante jours.

« Et les quarante jours se passèrent ainsi que
les quarante semaines, et le Seigneur vint, et il vit
que les promesses de l'architecte et de son frère
étaient vaines et mensongères, et qu'en retar-

dant l'heure de la justice, ils avaient fini par croire qu'elle ne viendrait pas.

« Alors tous deux furent terrassés par le souffle du Vengeur. Il jeta un regard de colère sur leur amas d'or, et cet or se fondit comme s'il eût été soumis, dans un creuset, au feu le plus actif.

« Et le Seigneur prit au bout de son doigt quelque peu de cet or fondu, et il en toucha au front les deux frères anéantis, et leurs deux corps n'en firent plus qu'un, et, sur ce corps, il planta leurs deux têtes, hideuses de l'éternelle malédiction qui déjà pesait sur elles.

« Alors le Seigneur leva le doigt et le pressa sur les deux cœurs de Baffomet, et les cœurs saignèrent et se desséchèrent, et le Seigneur les prit, et ces cœurs furent placés chacun dans chacune des têtes du maudit. Ainsi, pour ce seul corps, il y a deux cœurs; mais ils se ressemblent: tous deux ont été changés en or, et, quand l'un cessera de battre, l'autre ne tardera pas à s'arrêter. Ainsi l'a voulu le Seigneur.

« Et de l'or qui restait il fit deux couronnes, un sceptre et une croix. Chaque tête eut une

couronne, une main saisit le sceptre; l'autre
s'appuya sur la croix.

— « Et, parce que vous avez été assez lâche
pour trembler devant les deux frères, dit le Seigneur aux autres hommes, et assez désunis pour
vous laisser enchaîner par eux, vous continuerez
à vous épouvanter à l'aspect de cette double figure
que je laisse parmi vous, et elle rira de vos
frayeurs et de votre soumission, jusqu'à ce que le
moment de sa chute soit venu; ce qui arrivera
quand des architectes réunis dans l'Orient m'auront bâti le temple qui doit vous réunir tous dans
une même famille, sous la protection du même
père.

» Et, pour que votre punition ait ses momens
de relâche, ajouta le Seigneur, j'affaiblirai votre
tyran en permettant que soit troublée la bonne
harmonie qui, pour son plus grand avantage, devrait toujours régner entre ses chefs. Et, vous le
voyez, pour que la punition soit plus prompte et
plus sûre, je ne leur ai donné qu'une vie : l'enlever à l'un, c'est l'enlever à l'autre; ainsi, quand
vous attaquerez la croix, soyez sûrs que vous attaquerez le sceptre; quand vous frapperez sur

le sceptre, soyez sûrs que vos coups arriveront jusqu'à la croix. »

—Voici l'histoire des deux architectes infidèles aux ordres du Seigneur! Et maintenant, continua la voix, vous qui voulez hâter le moment de la chute de Baffomet, vous qui, pour cela, voulez venir à nous, voyez ce qu'il vous reste à faire ; car le spectre vous ferme la seule voie qui conduise à la vraie lumière... Osez! et vous arriverez!

La voix se tut alors. Gauthier vit en effet que la fantastique figure défendait l'entrée d'un temple d'une architecture grave et sévère.

L'initié, après un moment d'hésitation, et après avoir pris conseil du maître qui l'assistait, porta la main sur le corps à deux têtes, en mouvement devant lui. Aussitôt, le fantôme s'évanouit dans l'ombre : il ne resta de lui que la croix et le sceptre qui tombèrent à terre.

Les deux hommes, sans s'arrêter, les foulèrent aux pieds, pour pénétrer dans le temple dont les portes se refermèrent sur eux avec un bruit de tonnerre.

CHAPITRE IV.

A ce drame, dont le dénoûment fit tressaillir
le soldat de la croix d'une juste et sainte horreur,
succéda une profonde nuit.

Cette nuit venant à se dissiper de nouveau,
Gauthier aperçut sept vieillards d'un aspect im-
posant. Assis en demi-cercle sur des siéges
d'une forme antique, drapés dans des manteaux
blancs sans marques ni insignes, ils étaient éclairés par une flamme vive et brillante, s'échappant
d'un autel placé devant eux.

Debout à l'une des extrémités du demi-cercle,

un chevalier couvert de ses armes , et la visière
baissée, se tenait appuyé sur le pommeau de sa
longue épée, dans l'attitude de la réflexion.

Tous les bruits de la forêt avaient cessé. Un
profond silence régnait dans cette assemblée austère; et ces sept vieillards immobiles semblaient
préoccupés de pensées bien plus graves que
celles qui avaient présidé à toutes ces représen-
tations dont Gauthier avait été le spectateur. Il
sentait qu'il ne se trouvait plus en face de ces
fantasmagories auxquelles l'imagination de celui
qui les voit prête son aide. C'était la réalité
maintenant, réalité plus imposante que toutes
ces parades lugubres dont il avait été plus surpris
qu'effrayé.

L'un des sept vieillards se leva. A sa haute
taille, à son œil creux couvert d'un sourcil blan-
chissant, à la maigreur de ses joues pâles , à sa
longue barbe grise et surtout à sa voix qui semblait sortir d'un tombeau, Gauthier, en frémis-
sant, reconnut l'ennemi de sa maison.

C'était en effet le vieil Arnould de Vismale ; il
éleva au ciel une coupe qu'il tenait entre ses
mains, l'approcha de ses lèvres , et y but quelques gouttes de la liqueur qu'elle contenait ;

puis il la passa à ses frères, qui tous y burent à leur tour. Après quoi le vieillard, tourné vers l'orient, s'exprima ainsi :

— Vérité et lumière sur les sept voyans, sur les sept sages, qui représentent ici les intérêts de l'humanité et l'espérance de l'avenir ! mon frère d'Angleterre, mon frère d'Écosse, mon frère d'Italie, mon frère d'Espagne, mon frère d'Allemagne, mon frère d'Asie, votre frère de France vous salue trois fois !

Nous avions hâte de vous voir réunis, nous avions hâte de mettre en commun nos grandes espérances et nos joies infinies, en voyant les forces long-temps dispersées du Temple perdre leur unique cause de divergence et se rassembler dans un seul faisceau... faisceau redoutable, lié par la fraternité et qui sera un jour la ligue et l'union des peuples.

Notre tâche connue est achevée; ici commence notre tâche inconnue.

Honneur à nos devanciers! leur épée a tracé de nobles sillons pour le grain que nous avons semé. Ainsi le champ labouré par la victoire produira les moissons que la sagesse a préparées pour le bien de l'humanité entière.

Chaque institution a ses âges. Le temps de la semaille ne ressemble pas au temps de la moisson. Le temps du guerrier est passé pour nous. Voici venir le temps de l'homme d'État, du politique, du législateur!

Guerriers, nous avons appris au pays ce que peut la discipline, et le bien qu'il pourrait tirer de ces corps d'armée permanens, tout prêts à assurer son indépendance, son repos, ou à faire triompher sa supériorité.

Nés dans un temps de troubles et de brigandages où le droit de porter l'épée était aussi le droit d'en faire un mauvais usage, nous l'avons sanctifiée en la dirigeant vers les ennemis extérieurs, dans de grandes expéditions nationales, et nous avons fait, de tous ces hobereaux détrousseurs de grands chemins en Europe, la protection et l'assurance du voyageur en Asie.

Hommes d'État, nous sanctifierons le sceptre, comme nous avons sanctifié l'épée, car le sceptre, grace à nous, ne sera plus que ce bâton de commandement placé par nos règles entre les mains de nos grands maîtres, et sous lequel tous les hommes redeviendront des frères!

Nous sommes partout, et partout nous ne reconnaissons qu'une loi, qu'un maître, qu'une doctrine! A côté de cette imposante unité, gage de gloire, de paix et de prospérité pour toute société, qu'elle soit religieuse ou politique, voyez les déchiremens dont l'Europe est le théâtre!

Et maintenant, dites quel corps, mieux que celui du Temple, peut réaliser cette unité près de se rompre entre les mains de Rome? Et, pour cela, ne croyez pas qu'il faille de grands travaux, de grands efforts! nos moyens de gouvernement sont tous organisés! Nous voilà les Sept, au lieu des Dix de Venise! Le doge porte une couronne à son bonnet : le grand maître n'en a-t-il pas une à son casque? Des ordonnances datées du Temple de Paris seront aussi valables que celles qui se scellent au Louvre à l'heure qu'il est. Pour les faire exécuter, n'avons-nous pas neuf mille manoirs crénelés dispersés dans toute la chrétienté, et cinquante-quatre millions de revenu?

Puissans partout, partout admirés ou craints, saints pour les uns, héros pour les autres, nous offrons une tentation à toutes les passions: les plaisirs au luxurieux, la fortune à l'avare, la puissance à l'ambitieux, la gloire au vaniteux, la lumière à celui qui veut voir, la vie à celui qui veut vivre !

Au dessus de toutes les erreurs et de tous les préjugés, ayant appris à les mettre sous nos pieds avec leurs emblêmes les plus respectés du vulgaire, nous tendons les bras à toutes les dissidences qui s'apprêtent, à toutes les sectes qui fermentent dans le nord et au midi de l'Europe; car le Temple que nous bâtissons sera assez grand pour les accueillir toutes.....

— Hérétiques, hérétiques aussi ! s'écria le chevalier inconnu qui, de bout à l'extrémité du demi-cercle, et la figure toujours cachée par sa visière, avait écouté ce discours en donnant de fréquentes marques d'impatience.

Cette exclamation ne troubla point les vieillards; tous s'étaient levés lentement.

— Jacques Molay, grand-maître du Temple, dit gravement l'un d'entr'eux, il était temps que tu apprisses de notre bouche le but secret de l'Ordre qui t'a placé à notre tête! Retenu par la guerre loin de nos établissemens d'Europe, et toujours occupé des grands intérêts à défendre dans l'Orient, tu ignorais ce que l'Ordre peut et veut faire à l'Occident. Tu es venu secrètement

ici pour t'instruire et chercher la lumière; quand
on te la montre brusquement, seras-tu ébloui,
et détourneras-tu la tête comme un enfant?
Non, tu feras comme le sage qui se réjouit à sa
clarté, et tu lui diras : Sois la bien-venue! Et
nous te dirons, nous : Sois le bien-venu parmi
tes frères et parmi tes égaux, Jacques Molay,
grand-maître du Temple aujourd'hui ; Jacques
Molay, demain maître de l'Europe, si tu veux
t'associer à nous.... Salut! salut! salut!

Le guerrier reconnu avait jeté son casque loin
de lui. Un pas l'avait rapproché de l'autel et du
feu qui [y brûlait. Debout, au milieu de ces
hommes, le poing fermé sur le marbre de cet
autel impie, le reproche dans les yeux, la menace sur les lèvres, le grand-maître resta un
instant à les mesurer du regard.

— Ainsi! s'écria-t-il enfin, mes appréhensions
ne m'ont point trompé! et c'était là, mon Dieu!
ce que je devais trouver en France après tant
de fatigues et de travaux : des moines parjures
et des soldats déserteurs!! C'était, mon Dieu,
pour que ceux-là pussent conspirer à l'aise la
profanation de votre croix, que sont héroïquement tombés tous ses vaillans défenseurs, mes

nobles frères d'armes, et que leurs ossemens
blanchissent les plaines de la Palestine! Vous
avez permis que ces hommes qui n'ont pas com-
battu, eux, qui n'ont enduré ni fatigues, ni
périls, ni privations, en dénaturant traîtreusement nos institutions, et en mettant l'ambition,
l'athéisme et la perfidie, à la place des mobiles
de tant d'héroïques actions, ravissent à vos
martyrs la seule récompense que le monde avait
pu leur offrir, ce renom de prud'hommie et
d'honneur qui plane sur leurs tombeaux!

Par les sept plaies, mes maîtres, vous qui
vous comptez par sept aussi, vous n'êtes point
arrivés encore où vous croyez être! Renverser
le trône et la croix à terre! Vive Dieu, y pensez-
vous? Et vous, qui parlez d'unité, croyez-vous
que tous ces vaillans gentilshommes, les Laigue-
ville, les Montmorency, les Beauffremont, les
Chevreuse, les Villars, les Foulques, les Ville-
neuve, les Périgord, qui tous sont venus se ranger
sous le Beaucéant, seraient des vôtres dans ce dam-
nable projet? Je sais que l'obéissance passive est
une des vertus de l'Ordre, je sais que le templier
n'est plus qu'un bras sans tête, et ne sait qu'agir
quand le grand-maître a parlé, et vous espériez

apparemment que le vieux chrétien dirait à ses
frères : Reniez Dieu ! Vous m'attendiez, moi,
chevalier français, pour ordonner à des chevaliers de trahir leur roi !

Vous avez, Messires, ajoute Jacques Molay,
une admirable idée de la soumission que l'on doit
aux paroles du grand-maître. Mais apparemment
que vous la prêchez aussi d'exemple... Or çà, à
genoux, mes frères, devant le signe de notre salut
à tous, devant la croix traîtreusement oubliée dans
cette assemblée, ajouta-t-il en fichant sa bonne
épée en terre, de façon que la poignée avec sa
branche transversale s'élevait au dessus de l'autel, le grand-maître le veut et l'ordonne.... A
genoux devant la croix !

Tous se prosternèrent après un moment d'hésitation.

Jacques Molay les regarda avec un secret orgueil, avec un orgueil qui fit frémir dans le ciel
les anges attentifs à cette scène.

Puis il fit signe aux vieillards de se relever.

Arnould de Vismale lut aussi dans le regard
du grand-maître cette joie orgueilleuse qui avait
traversé son ame en voyant ses ordres si promptement exécutés par ces hommes tout prêts à

braver la volonté des rois et des pontifes ; et il
ne renonça pas à l'espoir de faire encore de
Molay le principal instrument de leurs vastes
projets.

— Mon fils, lui dit-il avec une douceur hypo-
crite, en se rapprochant de lui, mon cher fils,
maintenant que tu as agi en grand-maître, maintenant que nous t'avons prouvé notre aveugle
soumission, tu nous écouteras en homme sage,
et nous t'expliquerons, en hommes éclairés sur
le véritable sens des mots, sur le seul principe
des choses, la destination assignée par leur grand
moteur à l'Ordre qui t'a choisi et qui a le droit
de compter sur ton aide pour atteindre à ses
hautes destinées !

— N'y compte pas, n'y compte pas, Arnould ;
ton génie, ton âge, les droits que notre parenté
et les ordres d'un père mourant t'ont donnés sur
moi ont eu jusqu'à présent, je ne le nie pas,
une grande influence sur les actions de ma vie.
C'est toi qui m'as poussé dans cet ordre du Temple
dont tu veux aujourd'hui si étrangement abuser,
c'est toi, Vismale, et que Dieu te pardonne les
moyens dont tu te servis pour cela ! Dieu te pardonne d'avoir dit : Il sera des nôtres, dussé-je

favoriser, encourager les désordres qui le feront
templier par pénitence, lui qui ne veut pas l'être
par ambition ! Et je me suis fait, comme tu le dé-
sirais, templier par pénitence... templier par pénitence, mes frères ; car j'ai été un grand pécheur. Mais, maréchal, ici s'arrête ton pouvoir, et
tu ne feras pas de moi un moine parjure, un soldat déserteur ! Et, quand j'y pense, je m'é-
tonne que, connaissant, comme tu les connais,
mes pensées et ma vie depuis que j'ai rompu avec
les piéges du monde et ses vanités, tu aies osé dé-
couvrir aussi ouvertement des projets semblables
à ceux que vous cachez à l'abri de mes exploits,
comme des scorpions qui se nichent dans le gantelet d'un soldat ! Mais sais-tu bien que mon
devoir...

— Ton devoir serait d'aller nous dénoncer au
roi ? N'est-ce pas ce que tu veux faire entendre ?
dit froidement le grand maréchal en l'interrompant. S'il en est ainsi, courage, grand-maître,
va-t'en, toi, l'égal des rois, t'humilier aux pieds
de Philippe, et livrer tes frères aux tortures de
l'inquisiteur ! Va détruire toi-même le piédestal
qui te tient placé à la hauteur du trône ! L'aveu
de ta part sera un peu tardif pour te faire trou-

ver grâce entière auprès de ton maître, et sois sûr qu'il dira : S'il divulgue aujourd'hui seulement des projets qui depuis si long-temps existent dans l'Ordre, c'est qu'au moment de les mettre à exécution, le cœur lui a failli... Et ne crois pas que notre lâcheté vienne en aide à la perfidie, et appuie de preuves la dénonciation, de quelque bouche qu'elle sorte! Non, le grand secret de l'Ordre, depuis bien des années, réside dans le conseil des sept. Rien n'en a été écrit. Voilà le livre, ajouta-t-il en mettant la main sur son cœur, où sont tracés nos devoirs, où repose l'expression de notre espérance! et voilà, continua-t-il en étendant sa main armée d'un stylet, de façon qu'il touchât la poitrine de celui qui se trouvait à sa droite, voilà le moyen d'empêcher que la douleur des supplices et les tortures de la captivité ne brisent le sceau qui le tient fermé aux regards des tyrans!

Le mouvement de l'inflexible vieillard avait été imité, et chacun des sept plaçant son arme sur le cœur de l'homme placé à sa droite, le cercle qui s'était reformé autour du grand-maître l'entoura d'une chaîne de bras et de poignards.

Peut-être que la vue et le contact de l'arme qui conseille les crimes inspirèrent à ces hommes quelques sombres pensées sur le refus de Molay et sur les moyens d'en prévenir l'effet; car tous se regardèrent en le désignant par un signe de tête.

Ce mouvement n'échappa pas au grand maréchal. S'empressant de cacher son fer, et annonçant à ses frères, par un nouveau signe, qu'il allait tenter un dernier effort sur le grand-maître, il se rapprocha de lui.

Molay, plongé dans de profondes réflexions, n'avait pas remarqué tout ce qui venait de se passer autour de lui. Il leva la tête en sentant la main d'Arnould s'appuyer sur son épaule.

— Tu t'effraies, Molay? lui dit celui-ci; tu t'effraies de ce que nous osons tenter... Mais nos mesures sont bien prises, vois-tu; partout nous avons des partisans dévoués... le moment est venu où tous vont agir. Le peuple de Paris s'apprête à un grand coup qui peut en un jour faire pour le Temple plus qu'un siècle d'attente; et, dans la famille royale, dans la famille royale elle-même, il se trouve quelqu'un que les liens les plus sacrés de la nature vont attacher à ta

cause. Où est la personne? cria-t-il à haute voix,
qui a reçu de nous, avec notre bague, l'injonction
de se rendre à l'assemblée de la bruyère de
Naufle ; où est-elle? répéta-t-il. C'est en sa présence que je puis achever de t'instruire, Molay,
de nos espérances et des raisons qui te forceraient
à les partager.

En entendant ces mots, Gauthier vit tout le
danger qu'il allait courir. Aussi, il est fort croya-
ble que, malgré sa bravoure, il n'eût pas répondu
à cet appel, sans la présence d'El-modhy ; mais
celui-ci, en entendant les dernières paroles d'Arnould de Vismale, prit la main du croisé, et,
l'entraînant, le fit entrer dans le cercle formé par
les Templiers.

Le maréchal alla au devant de la personne voilée, et, l'amenant au grand-maître :

— Molay, lui dit-il, tu te croyais isolé sur la
terre, tu te persuadais que le Ciel s'était montré
implacable pour les erreurs de ta vie! Voici la
preuve qu'il a pardonné, et que ta faute est
expiée.

— Pas encore !

Et le fils du sire Guy, la face pâle et tragiquement éclairée par la flamme de l'autel, apparut tout à coup aux regards du grand-maître.

— Gauthier ! s'écria celui-ci.

— Nous sommes trahis ! un homme !... Nous sommes trahis ! cria le grand maréchal, trahis !

— Un homme ! Il sait le secret de l'Ordre. Qu'il périsse !

Et sept poignards sont levés sur la poitrine de Gauthier.

— Arrêtez ! je suis le grand-maître ! vous me devez obéissance, et je vous défends de frapper ! je connais ce jeune homme... il est ici par mes ordres. Si quelque jour on connaît les projets du Temple, je le jure, ce ne sera pas par lui.

— Cet engagement que tu prends pour moi, dit résolument le croisé, n'est pas...

— Silence ! s'écria Molay, silence ! et vous, Messires, laissez-le s'éloigner, je le veux !

Ils hésitaient, cette fois, à obéir. Les poignards restent levés sur la poitrine de l'imprudent Gauthier : son péril est pressant. Cependant, les cris du grand-maréchal, répétés par les gardiens, ont jeté l'alarme dans les autres assemblées disséminées dans la forêt. Les frères qui les composent accourent de tous côtés et se pressent autour du grand-maître.

Les sept reculèrent devant l'idée de lui résister, en présence de l'Ordre entier. Ils savaient d'ailleurs le dévoûment fanatique que Jacques Molay inspirait aux guerriers revenus avec lui en Europe, et, quoiqu'ils eussent pu compter sur l'appui des frères restés avec eux, ils ne voulurent pas s'exposer aux conséquences d'une collision certaine entre leurs partisans et ceux du grand-maître, s'ils persistaient ouvertement dans leur rebellion.

Les poignards disparurent, et Gauthier ne fut plus menacé; mais Arnould, élevant la voix, adressa ces mots à Molay :

— Nos règles sont précises pour éloigner tout indiscret des mystères qu'à tort ou à raison nos prédécesseurs ont introduits dans l'Ordre du Temple; elles ont porté les peines les plus graves, une captivité éternelle et même la mort contre tout profane qui, caché parmi nous, parvient, sans y avoir été convié, à pénétrer nos rites et observances. Tu dis, grand-maître, que tu connais celui que nous venons de surprendre accomplissant ce téméraire projet?

Oh! certes, il faut, ajouta-t-il en examinant et Molay et le jeune homme, que l'intérêt qu'il t'inspire soit bien vif pour te faire risquer, afin de le sauver, la sécurité de l'Ordre entier!... Et tu en réponds, nous dis-tu? tu en réponds... tu te le rappelleras... Ainsi, aux termes de ces réglemens que j'ai cités déjà et dont un grand-maître apparemment ne voudrait pas enseigner la violation : *ce jeune homme désormais ne te quittera pas plus que ton ombre; partout où tu seras, il faut qu'il soit; toutes les paroles qu'il dira, il faut que tu les écoutes..* Et malheur à lui si, pendant la durée de cet interdit, il transpire quelque chose de ce qui se passe, se dit, se prépare, dans nos assemblées! Coupable ou non d'indiscrétion, il sera responsable du mal qui arrivera à l'Ordre, car l'Ordre ne peut admettre, grand-maître, qu'un traître sorte de son sein, et il rejette de droit sur lui, innocent ou coupable, sur lui étranger à nos institutions, la colère et la vengeance! Et alors, en quelque lieu, en quelque compagnie qu'il se trouve, fût-il à tes côtés, sous ta tente, fût-il en la présence même du roi dans son palais, il tombera atteint du fer qui tue la vie du corps,

ou de la terrible aqua-toffana qui abrége la vie de
l'ame, en lui ôtant le souvenir !

Arnould de Vismale avait deviné dans l'accent
et dans le regard de Molay tout l'intérêt que
lui inspirait l'inconnu, et, sans savoir positive-
ment quels liens les unissaient tous deux; il avait
voulu mettre cet intérêt au devant de la tentation
que le grand-maître pourrait avoir de découvrir
les secrets de l'Ordre : c'était un ôtage qui le ras-
surait contre les scrupules de Molay, en attendant qu'il pût parvenir, par une autre combi-
naison, à les détruire entièrement.

Molay, par son silence, sembla souscrire aux
conditions du grand maréchal ; après avoir jeté aux
sept un regard de haine et de mépris, suivi de
son écuyer, et entraînant Gauthier de son bras
de fer, il traversa les groupes divers de Templiers. Un froncement de sourcils, un geste de
colère, faisaient taire ceux qui, sur son passage,
murmuraient à l'aspect de la victime leur échappant, tandis qu'un signe de tête semblait dire
à ses compagnons accourus : Entre vous et moi,
c'est toujours à la vie et à la mort, et, si j'ai besoin de votre aide, je saurai vous trouver !

CHAPITRE V.

Arrivé à Templeville, Molay fut accueilli par
les plus grands honneurs. Les dignitaires de la
commanderie vinrent le recevoir et le compli-
menter sous l'arcade du clocher, et on le conduisit, sous un dais, dans la plus belle chambre
du manoir; tandis que la grosse cloche tintait
de joie dans le beffroi, et que des pages-servans
semaient sous ses pas les verts et odorans ra-
meaux du genévrier.

Bientôt, congédiant tous ceux qui l'avaient

suivi pour lui faire la cour, il se trouva seul avec Gauthier.

Le grand-maître, plutôt couché qu'assis dans un de ces fauteuils gothiques auxquels il ne manque que des rideaux pour être des lits, accoudé à l'un de ses bras garnis par en bas de crépine d'or, la tête appuyée dans sa main, le grand-maître reste immobile, le front chargé de soucis, et le cœur plein d'amères pensées.

L'inflexible Gauthier, debout et les bras croisés sur sa poitrine, l'examine en silence.

Molay avait alors cinquante-cinq ans, et, malgré ses fatigues et ses chagrins, on retrouvait encore en lui les restes de son ancienne beauté. Il y avait dans les mouvemens de sa taille haute et mince de la souplesse sans afféterie, de la dignité sans raideur. Son large front, dégarni de cheveux, était plein de noblesse et d'élévation; ses yeux noirs avaient conservé leur ardent et doux éclat; un nez aquilin, une bouche un peu rentrée ou qui paraît telle sous une barbe épaisse, des joues dont la pâle maigreur et la balafre annoncent qu'il a lutté avec les passions comme avec l'ennemi, et qu'il a été blessé dans le combat, complètent cette physionomie et lui donnent une expression de noblesse, de courage et de bonté vraiment séduisante.

A le voir, on comprenait le dévoûment et l'enthousiasme passionné qu'il avait su inspirer à ses compagnons; on comprenait surtout le choix du vieux maréchal. Ce profond politique savait combien sont importantes les qualités extérieures pour un chef de secte ou de parti!

L'accoutrement tout militaire du grand-maître, était celui d'un simple chevalier. L'espèce de dalmatique qui recouvrait son armure ne portait point de figure héraldique; il n'y avait non plus nul signe de commandement et de principauté sur son heaume; car il avait eu la prétention de s'introduire sans être reconnu dans le conseil de l'Ordre, à l'aide des mots de passe qui avaient cours parmi les frères surveillans, bien vaine prétention, du reste; car, ainsi qu'on l'a vu, sa présence était sue d'Arnould et de ses frères, quand il se leva pour les accuser.

Rompant un long silence, Gauthier prend enfin la parole.

— Grand-maître, dit-il d'un ton qui exprimait plus de tristesse que de menace, mais dans lequel s'accentuait toute l'énergie implacable de sa résolution, grand-maître, quand te battras-tu avec moi?

Molay leva les yeux, et, à l'aspect de ce débile jeune homme dont les traits lui rappelaient tant d'amour, tant de souffrances et tant de remords, il se sentit pris d'une navrante pitié, et, s'adressant, dans sa pensée, au Ciel, il lui demanda si déjà il n'avait pas fait verser assez de larmes à cette famille, si malheureuse par lui, et s'il fallait encore qu'il lui coûtât du sang!

— As-tu oublié, Molay, les dernières paroles que tu m'adressas en Syrie? « En France, dans un an, en Normandie, sur la bruyère de Naufle, me dis-tu, je te donnerai satisfaction des griefs que tu as à me reprocher! » Hé bien! n'ai-je pas été exact au rendez-vous?.. Grand-maître, tu ne m'attendais pas si tôt, et tu vas me donner, n'est-ce pas, les moyens de racheter mon gage?

— Avant de venir me trouver, enfant, as-tu vu et consulté ton père, ainsi que tu me l'avais promis?

— Mon père... il est mort, Molay! mort de chagrin et d'abandon, mort pendant mon absence... Et tu t'étonnes que je sois venu si

21.

promptement te chercher au rendez-vous indiqué ?

Après avoir, pendant un instant, caché sa figure dans ses mains, le grand-maître releva la
tête, et, d'un ton de voix plus calme que ne semblait l'annoncer l'émotion répandue sur tous ses
traits, il lui dit :

— Gauthier, je ne me battrai pas avec toi !

— Non !... Et pourquoi ?

— C'est que le Ciel... c'est que tu n'es pas en
état de me résister, enfant, répondit le grand-
maître cherchant à adoucir l'expression de la
pitié sous un air d'intérêt tout paternel; c'est que
félon est le chevalier qui lève l'épée contre plus
faible que lui ! Je ne me battrai pas contre toi,
Gauthier... cela m'est défendu par... par les lois
de la chevalerie !

— Et les lois de la chevalerie t'ordonnaient-elles
de faire ce que tu as fait, quand tu nous as ravi
l'honneur, quand tu as outragé mon père ?... Tu
le vois bien, ce n'est plus à toi de rappeler le
respect qu'un gentilhomme doit à ces lois ! Tu dis
que je suis trop faible.... Ose me suivre demain
dans les ruines du château de mes aïeux, tu trouveras là un fils en état de punir les injures faites à

leur blazon ! Ah ! je suis trop faible pour combattre contre toi ; si c'est là ta raison, tu te battras demain, Molay : car un champion digne de toi, un champion auquel tu ne jetteras plus ton outrageante pitié à la place de ton gage de bataille, t'attend sur le tombeau de mon père !

— En effet, tu as un frère ? dit le grand-maître avec un redoublement de tristesse, un frère, **et** c'est lui...

— Oui, un frère, un bon frère, Molay, un frère qui souffre de mes douleurs, rit de ma joie, hait de ma haine... un même nom, un même sang, un même cœur, un même bras !... Ah ! sois tranquille : se battre contre lui c'est se battre contre moi ! Hé bien ! acceptes-tu son défi ? viendras-tu demain avec moi au Launoy ?

— J'irai.

Le lendemain, quand le soleil fit briller de ses premiers rayons les vitres coloriées de Templeville, Jacques Molay et Gauthier, sortis du manoir, s'en éloignaient suivis de l'écuyer africain tenant en main les chevaux et portant les lances de combat.

Plongés tous deux dans de sombres pensées,

le templier et le croisé s'acheminaient côte à côte vers les ruines du Launoy.

A mesure que le grand-maître s'en approchait, sa rêverie semblait s'accroître : il y avait pour lui tant de souvenirs et de remords semés sur cette route !

Dix-huit années s'étaient écoulées depuis le temps où, encore plein de jeunesse, de force et d'espérance, il suivait le même sentier, accompagnant son oncle, le sire Arnould de Vismale, dans ses visites à la châtellenie! Années de repentir et de larmes, années de périls et de rudes combats, années qui ont fait peser sur sa tête un poids de glace, et mis son cœur dans les rudes étreintes du remords !

La nature, triste comme elle l'est en automne, avec ses soupirs d'herbes flétries et de vents, avec ses nuages qui volent vers des horizons brumeux, avec ses frisonnemens de feuilles jaunes le long des haies, et de joncs sur le bord des fontaines, la nature semblait s'associer au deuil de son ame.

Tout ce qui autrefois lui avait parlé amour, bonheur, espoir, le ciel si bleu, les arbres si mignardement bercés par la brise, le lointain vaporeux, au bout d'une allée en arcade, le lointain où s'élevaient les donjons dont l'aspect le faisait si doucement rêver, tout maintenant est marqué au front d'un signe lugubre; tout lui apporte des sons et des pensées d'une indicible tristesse.

Image de sa vie telle que l'ont faite ses passions, la vallée devant lui n'a plus ni la magie de ses clartés, ni l'illusion de ses ombres; et, sur le fond grisâtre du paysage, une tourelle, une seule tourelle en ruines, attire et fixe son regard : ainsi, une seule pensée surgit habituellement dans son esprit uniformément assombri.

Un autre regard que celui du grand-maître s'attachait aussi au donjon isolé : c'était celui de Gauthier. Mais cet aspect faisait naître dans cette autre ame un sentiment d'une autre nature.

Cet unique reste de la maison paternelle apparaissait de loin au croisé comme un bon et fidèle témoin qui s'est rendu le premier sur le champ du combat, attendant son ami pour l'assister, et pour rendre bon compte ensuite des efforts qu'il aura faits pour venger l'honneur de son nom.

Il semblait au croisé que ce vieux pan de mu-

raille était resté debout pour voir les maîtres du
Launoy venger leur père. Dans son imagination
rêveuse et poétique, animant cet amas de pierres,
il lui prêtait un air d'orgueil et de fête. Les nuages
formaient au géant une couronne fantastique de
vapeurs, et, par la voix des corbeaux qui tour-
billonnaient autour des créneaux aériens , il
semblait entonner un chant de guerre et de
vengeance.

Les deux adversaires étaient arrivés auprès du
manoir ruiné.

Gauthier appela plusieurs fois.

— Nangis ! Nangis ! mon frère ! cria-t-il à haute
voix.

— Nangis ! Nangis ! mon frère ! répéta l'écho
des vieux murs.

Et ce fut la seule voix qui répondit à ses
cris.

Le templier joignit vainement le son du cor
à cet appel.

— Il ne nous entend pas, dit Gauthier. Si tu
veux m'attendre sur cette esplanade, ajouta-t-il
en s'adressant au grand-maître, sur cette esplanade aussi unie que peuvent le désirer deux
hommes qui s'apprêtent à combattre, car c'était

ici que les anciens maîtres de ce lieu faisaient
ouvrir les lices, au jour des tournois et des passes
d'armes, je m'engagerai seul dans ces ruines pour
y chercher mon frère.

Jacques Molay fit un signe de consentement.
Il était en effet trop atterré par le lugubre aspect
de ces décombres, pour pouvoir répondre autrement.

Gauthier disparut dans le ravin qui défendait
l'approche des ruines, du côté de la forêt.

— Pauvre, pauvre Inégilde, murmura alors
le templier tout entier à ses souvenirs, et libre,
par l'éloignement de Gauthier, de donner issue
aux sentimens dont son ame était obsédée ; voici
donc le théâtre d'une flamme si cruellement pu-
nie, et c'est ainsi que je devais vous revoir, lieux
autrefois embellis par le premier amour !

Tout à coup, reculant dans le passé, secouant
cette cendre de pénitence qui recouvre ses feux mal
éteints, son ame ranime les scènes d'enivrement
et de séduction dont ces murs ont été les témoins.
Et son imagination délirante isole, pour la première
fois, ces images de volupté du souvenir de la punition terrible qu'elles ont attirée sur lui. Puis,
comme si ce n'était pas assez de ce premier pas

dans le chemin du mal, une voix lui demande s'il n'est pas temps d'en finir avec les récriminations et les reproches de ce Gauthier, spectre acharné à sa poursuite et dont il retrouve partout le pâle visage... imprudente victime que le sort pousse sous l'épée de son ennemi, et qui doit porter la peine de sa propre folie pour le repos de Molay et pour la sûreté de l'Ordre dont il a surpris le secret... Et, après les pensées de volupté et de vengeance, voici venir, dans cette ame tourmentée plus qu'elle ne l'a jamais été, les pensées d'ambition et d'orgueil... Il sera roi s'il le veut... ou du moins il sauvera les rois, en déjouant seul les complots de leurs ennemis...

Le sombre El-modhy s'était glissé près de son maître.

Couché à quelques pas de lui, à moitié caché par un amas de pierres qui, jadis, avaient servi aux amphithéâtres de la lice, alongeant sa tête sous les bruns arceaux de la ronce et sous les vertes arcades du liseron, il attachait sur lui un regard de feu.

Tout à coup le son d'une cloche — sans doute celle de l'ermite des Quatre-Chênes— son pieux apporté par le vent qui souffle du côté de la forêt, vient tinter aux oreilles du guerrier et calmer cet orage de passion allumé dans son sein. Il passe sa main sur son front, comme pour en chasser les coupables fantômes qui, trop long-temps, l'ont obsédé... il frappe de son gantelet sa poitrine de fer.

—Pitié, mon Dieu! s'écrie-t-il, pitié; au nom du père, du fils et du saint-esprit!

Un long sifflement, un sifflement de colère et de dépit, se fait entendre dans les broussailles dont les feuilles crient et s'agitent sous un frois-sement rapide, instantané.

Le grand-maître porte ses regards de ce côté, croyant apercevoir quelque serpent, hôte habi-tuel de ces décombres.

El-modhy n'y était déjà plus!

En ce moment Gauthier, sortant des ruines, re-parut sur l'esplanade et se dirigea vers le grand-maître. Il était seul et tenait un parchemin.

— Je ne l'ai pas trouvé, s'écria-t-il quand il fut arrivé près de Molay. L'étourdi ne s'est pas rappelé sa promesse; il a quitté ces lieux. Le ma-noir est abandonné. Je n'ai trouvé dans la chambre où il était réfugié que cet écrit.

Et il lut ce qui suit :

« Ce présent écrit pour vous, mon frère bien-
« aimé, Gauthier du Launoy, que je devais at-
« tendre dans ces tristes ruines, et qui me trou-
« verez à Paris dans la taverne où l'on boit le
« meilleur vin.

« Sache, mon bien-aimé frère, que j'ai mis la
« main sur un trésor, et que me voilà devenu
« riche... c'est te dire que, toi aussi, tu le seras
« quand tu voudras venir trouver celui qui est
« ton frère par le vouloir du Ciel, et ton ami par
« le vouloir de son cœur.

« PIERRE DE NANGIS. »

— Ah ! combien je suis satisfait, s'écria le
grand-maître à la lecture de ce billet, que le
sort répare enfin ses injustices envers vous !
Tu l'entends, Gauthier ? La fortune ! Nangis t'attend pour partager avec toi ! Tu disais bien : C'est
un bon frère !

Gauthier, sans plus de joie que s'il était question
d'un autre, répondit tranquillement à cette bien-
veillante démonstration de joie :

— Ainsi, c'est donc moi qui me battrai contre toi !

— Contre moi, Gauthier, contre moi qui une fois t'ai rendu la liberté, contre moi, Gauthier, qui, hier, pas plus tard qu'hier, t'ai sauvé la vie.

— Et ces services, vous les ai-je demandés, Messire? et croyez-vous que je vous doive tant de reconnaissance pour le dernier de tous? est-ce que je tiens à la vie, moi, à la vie désenchantée et flétrie, à la vie telle que vous me l'avez faite dès mon enfance? Me rendrez-vous ce qui pourrait l'adoucir et l'alléger? Est-il en votre pouvoir d'effacer de ma mémoire les souffrances de mon pauvre vieux père abandonné sans soins, sans secours, dans ce sépulcre dont l'aspect vous glace de terreur et de froid? Non, non! sauvée par vous, cette vie me serait plus odieuse encore; et c'est à vous de faire ce que le poignard de vos templiers a vainement tenté hier! Il faut que je sois vengé, il faut, puisque tout espoir de combattre contre toi à armes égales m'est enlevé, que j'ajoute du moins un nouveau remords à tous ceux qui déjà t'ont déchiré... c'est là une blessure que, tout faible que je suis, je puis porter dans ta poitrine... et il ne suffira pas, grand-maître, d'avoir suborné la femme, hâté la mort de l'époux : il faut aussi que le fils tombe sous tes coups... Es-tu prêt ?... voyons !

— Que cette main se dessèche à l'instant même, que je renonce au recours que ma qualité de chrétien me donne à l'heure de ma mort, dans le signe sacré qui décore mon épée ; si cette épée se lève pour te frapper. Non, Gauthier, tu as beau faire, je ne me battrai pas contre toi. Ah ! malheureux ! s'écria-t-il d'une voix courroucée en arrêtant d'une main de fer la main que l'impétueux jeune homme leva sur lui, grace pour toi ! pitié pour moi, Gauthier ! pitié au nom de ton père, dont les ordres te furent si sacrés ! Ne me force pas, mon fils, de violer une dernière promesse, une promesse sacrée aussi, Gauthier, car elle fut faite aussi à une personne mourante ! A l'heure de l'agonie, recouvrant une lueur de raison, cette pauvre femme, que je n'ose nommer ici, appela son fils.....

Gauthier ! dit-elle, mon fils.... je le connais..... il est implacable ! jure-moi du moins que quelque provocation qu'il t'adresse, tu ne lui répondras pas ; qu'au contraire, tu veilleras sur

lui... Si jamais il est en état de t'entendre, ajouta-
t-elle, dis-lui, oh! dis-lui bien que nous fûmes
tous deux trop à plaindre, et qu'il est trop généreux pour nous refuser son pardon!...

J'ai promis, Gauthier, reprit le grand-maître
après un instant de silence, et cette promesse je
dois, je veux la tenir! Mais si tu effleurais de ta
main désarmée ce front, cette joue que le fer de
l'ennemi... Oh! non, n'est-ce pas? et tu m'épar-
gneras une effroyable tentation... si effroyable
que la seule idée de l'outrage... Va-t'en! tiens,
va-t'en! c'est ce qu'il y a de mieux à faire et pour
toi et pour moi!!

Gauthier resta immobile à sa place.

— Mon pardon... elle a appelé mon pardon!
s'écria-t-il tout à coup en sanglotant. Ma mère...
ma pauvre mère!!

Ce cœur de fer s'était amolli. Les larmes
qu'il répandait étaient les premières qui venaient
mouiller ses yeux depuis la mort du sire Guy.

Il ne se battra pas contre Molay.

— Hé bien! soit, dit-il enfin, j'épargne à ton
épée la tache qu'y laisserait mon sang, et à ton ame
la douleur de trahir une promesse aussi sacrée à
mes yeux... mais tu n'en seras pas moins, grand-

maître, la cause de ma perte ; car il est écrit
que ma mort comptera dans tes douleurs d'expiation ! — Tu t'étonnes ! Tu oublies donc que le
secret de ton Ordre est à moi, Molay, à moi depuis hier ?

Détourné de cette idée par les sensations si
différentes qui l'ont assailli depuis qu'il se trouve
en présence du fils d'Inégilde, l'esprit de Jacques
Molay se rejeta sur cette découverte que lui aussi
a faite, sur cette découverte qui donne à ses rapports avec Gauthier une face toute nouvelle.

— Hé bien ? dit-il avec abattement.

— Tes templiers, Jacques Molay, sont des
conspirateurs préparant un grand changement
dans l'État, et cachant leurs desseins ambitieux
et une tyrannie pire que celle qu'ils veulent remplacer sous de grands mots, comme ils cachent
leur dissolution sous la croix qu'ils profanent.
Moi aussi, je rêve le règne de la justice et de la liberté ; moi aussi, j'appelle la fin de l'usurpation,
de la force et de la violence... Mais je suis con-
vaincu qu'ils n'ont rien de ce qu'il faudrait pour
réaliser le vœu du chrétien, ce vœu qui ne peut
s'accomplir que par la croix et non par le poignard ! La nature de leur secret, mes sentimens

de gentilhomme, mes devoirs de chevalier, ma haine pour ceux qui t'ont mis à leur tête, t'apprennent les révélations que j'ai à faire. Les menaces qu'ils m'ont adressées, leur implacable ressentiment, ne t'apprennent-ils pas le sort qui m'attend?

— Ainsi ta résolution bien arrêtée est de révéler les projets du Temple?...

— Ma résolution est telle, répondit le croisé.

— Malgré ces engagemens...

— Que seul tu as pris! dit vivement Gauthier en interrompant le grand-maître, et que je ne ratifierai jamais.

Molay garda le silence.

Le grand-maître, après s'être promené avec une vive agitation, s'arrêta devant Gauthier.

—Écoute, lui dit-il, ma faute a été grande; j'ai causé ton malheur, celui des tiens... je l'avoue en face des ruines du château de tes pères ; en face de leurs ombres que j'appelle, je t'en demande pardon.... ajouta-t-il en fléchissant le genou.

Gauthier s'empressa de le relever.

— C'est quelque chose, vois-tu, Gauthier, continua le templier en relevant la tête, qu'un

pardon demandé par le grand-maître Jacques
Molay au faible jeune homme; et il y a là une
grandeur, une victoire, qui lui ont coûté plus
que tous ses exploits. Tu m'as haï; mais tu ne
peux manquer de m'estimer, parce que, hor-
mis cette faute que tu ne peux plus me reprocher,
puisque je l'ai réparée par le plus grand sacrifice
qu'un homme tel que moi puisse s'imposer, je
n'ai rien fait, non, rien qui puisse me faire dé-
choir de ce haut rang de gloire et de renommée
où je suis monté, et où je veux me maintenir...
Hé bien! tout ce que j'ai fait, Gauthier, pour cette
renommée ne te répondra-t-il pas de ce que je
veux faire?—Comme toi, depuis hier seulement,
je connais le véritable but de ce corps tout-puis-
sant que je commande et dans lequel j'entrai fol-
lement comme le soldat désespéré qui, sur le
champ de bataille, se précipite là où il croit mourir le plus vite et tomber avec le plus de gloire.
Tu as dû le voir, j'ai été indigné des plans des-
tructeurs de ces hommes qui veulent faire de toute
l'Europe une société sans trône et sans autels.

Serviteur dévoué du roi, soldat de Jésus-Christ,
crois-tu que celui qui leur donna tant de preuves
de zèle et d'amour, tant de preuves sanglantes,

Gauthier, se laisse aller à protéger les doctrines et les complots de leurs ennemis?... Non, tu ne le penses pas! donc ! Laisse-moi mener à bien cette grande affaire! souffre que je cherche à concilier les intérêts du roi, de l'Église, de la France, et la gloire d'un Ordre qui a tant fait, qui peut tant faire encore pour leur illustration et leur défense, et ne détruis point, par une indiscrétion intempestive, imprudente, l'effet des efforts que je vais tenter pour remettre aux mains de mes frères le glaive qui venge les rois à la place du poignard qui les tue !

— Grand-maître, répondit le croisé, écoute-moi; il y a souvent aussi grande offense à Dieu dans l'aveu d'une faute, fait avec orgueil, que dans cette faute elle-même... je crois de plus qu'il faut agir franchement avec le mal... pactiser avec lui, c'est risquer d'en être tôt ou tard dévoré ! Et pourtant, au nom de cette estime que tu m'as inspirée, je ne le cache pas, et que ton courroux d'hier, dans la forêt, n'a fait qu'augmenter, je ferai ce que tu demandes, je me tairai !...

Molay fit un mouvement de joie.

— Je me tairai, grand-maître, reprit vivement Gauthier, mais à l'expresse condition qu'aujourd'hui même, ou demain au plus tard, tu commenceras la mission que je remets entre tes mains et que tu te charges d'accomplir... et, pour en avoir l'assurance, ne crois pas que je m'en rapporterai à ta seule promesse ? non; je veux être moi-même le témoin de tes efforts. Tes frères m'ont assigné une place auprès de toi : je la prends de moi-même, non parce qu'ils l'ont décidé ainsi, mais parce que le devoir m'y oblige... Ainsi je ne te quitterai pas plus que ton ombre ! partout où tu seras, je serai... toutes les paroles que tu diras, il faut que je les écoute ; et, malheur à toi ! malheur à tous ! si un seul jour tu parais t'arrêter ou reculer dans le sentier où, tous deux, nous allons engager nos pas ! Si tu tardes à parler, ce sera moi qui prendrai la parole, et crois bien que rien ne m'arrêtera... Voici la condition de mon silence, y souscris-tu, Molay ?

— Oui, répondit le grand-maître en lui tendant la main, je t'engage ma foi qu'il en sera ainsi !

En ce moment, une voix s'éleva non loin d'eux.

Cette voix chevrotante répétait à l'écho des ruines cette phrase toute conjugale.

— Où es-tu, ma femme? Jeanne, ma femme, où es-tu?

C'était en effet le péager du bac de Templeville qui, trébuchant au milieu des ruines, y venait chercher sa compagne disparue.

Il s'approcha des deux chevaliers.

— Holà, vassal, dit le grand-maître, que viens-tu chercher ici?

— Hélas! mon seigneur, peu de chose, dit l'ivrogne en s'agenouillant devant la croix de l'ordre placée sur le surcot du grand-maître, désespéré de vous avoir troublés par mes cris... Je cherche ma femme, mes seigneurs. N'auriez-vous pas rencontré, s'il vous plaît, Jeanne la passeuse, Jeanne, l'épouse légitime de Maclou Mauconseil, le fermier du bac de Templeville? Elle a déserté le domicile conjugal. Comme je ne veux pas croire les mauvaises langues qui répètent qu'on l'a vue l'autre soir s'éloigner à cheval, en croupe derrière un beau jeune cavalier qui s'en allait riant et chantant comme un véritable étourneau, je viens voir si le diable ne l'aurait pas enfermée dans quelque cave par ici.

— Et, ainsi qu'il nous paraît, l'ami, dit Mo-

lay en souriant, tu as fait choix, ou je me trompe
fort, depuis ce matin, d'une retraite semblable?

— Et dam, répondit l'homme du bac, on est
affligé, ou on ne l'est pas... *Bonum vinum*, comme
le dit le révérend père Gudulph, ce qui signifie,
à ce qu'il assure : Bois si tu es gai, et, à plus
forte raison, si tu es triste! D'ailleurs, hier au soir,
j'ai pris assez de peine pour me donner du bon
temps aujourd'hui; j'en ai encore les bras fatigués.... J'ai fait, je crois, plus de dix voyages...
C'est facile à calculer : six hommes chaque fois
dans le bateau, et puis après cela les chevaux...
ça fait... Mais vous devez savoir ça, vous, mon
seigneur, qui portez l'habit de templier. Combien
y avait-il de maîtres à la commanderie?

— Hein? que dis-tu donc là, bon homme? reprit vivement le grand-maître....

— Je dis, je dis que tous les templiers qui
s'étaient réunis à la commanderie en sont partis,
cette nuit, et qu'ils se rendent en grande hâte à
Paris où ils doivent être rendus le plus tôt possible
pour un grand événement qui s'y prépare... Mais
mille pardons, mes seigneurs, l'amour conjugal
me réclame; il faut absolument que je sache si
Jeanne n'est pas par là, cachée dans quelque

trou... Jeanne, ma mie! Jeanne, ma femme! où es-tu?

— Grand-maître, tu l'as entendu, s'écrie Gauthier, quand le villageois se fut éloigné, les Templiers sont partis pour Paris... Ils veulent agir à ton insu.... Parle, que vas-tu faire?

— Ce sont mes refus et ce qui peut s'en suivre qu'ils veulent prévenir... Il n'y a pas de temps à perdre... **A cheval! à cheval!** Gauthier, et fasse le Ciel que nous arrivions à temps!

L'écuyer s'empressa d'amener les palefrois; les sangles sont serrées, les étriers ajustés et les chevaliers en selle.

— A Paris! Messire, s'écrie le grand-maître en donnant de l'éperon.

— A Paris! répond le croisé en l'imitant, et que Dieu soit en aide à qui part avec la résolution de faire son devoir à quelque prix que ce soit!

FIN DU PREMIER VOLUME.

TABLE DES MATIÈRES

DU PREMIRE VOLUME.

—

LIVRE PREMIER.

LE RETOUR AU MANOIR.

LIVRE DEUXIÈME.

LE RÉCIT DU CROISÉ.

LIVRE TROISIÈME.

LES BRUS DU ROI.

LIVRE QUATRIÈME.

LES TEMPLIERS.

FIN DE LA TABLE DU PREMIER VOLUME.